公益財団法人 日本漢字能力検定協会

改訂二版

漢検 漢字学習ステップ

漢検

ワイド版

漢字(かんじ)れんしゅうノート

別冊(べっさつ)

10級

「漢字(かんじ)れんしゅうノート」は別冊(べっさつ)になっています。とりはずしてつかってください。

名まえ

※「漢字(かんじ)れんしゅうノート」をとじているはり金でけがをしないよう、気をつけてください。

漢検 公益財団法人 日本漢字能力検定協会

700414 (1-5)

もくじ

ステップ❶ 一・右・雨・円……4
ステップ❷ 王・音・下・火……5
ステップ❸ 花・貝・学・気……6
ステップ❹ 九・休・玉・金……7
ステップ❺ 空・月・犬・見……8
ステップ❻ 五・口・校・左……9
ステップ❼ 三・山・子・四……10
ステップ❽ 糸・字・耳・七……11
ステップ❾ 車・手・十・出……12
ステップ❿ 女・小・上・森……13

ステップ⓫ 人・水・正・生……14
ステップ⓬ 青・夕・石・赤……15
ステップ⓭ 千・川・先・早……16
ステップ⓮ 草・足・村・大……17
ステップ⓯ 男・竹・中・虫……18
ステップ⓰ 町・天・田・土……19
ステップ⓱ 二・日・入・年……20
ステップ⓲ 白・八・百・文……21
ステップ⓳ 木・本・名・目……22
ステップ⓴ 立・力・林・六……23

このれんしゅうノートのつかいかた

漢字表で学習した漢字を、ノートに書いてれんしゅうしましょう。

見本をみながら、書くじゅんばん、とめるところ、はねるところにちゅういして、ていねいに書いておぼえるようにしてください。

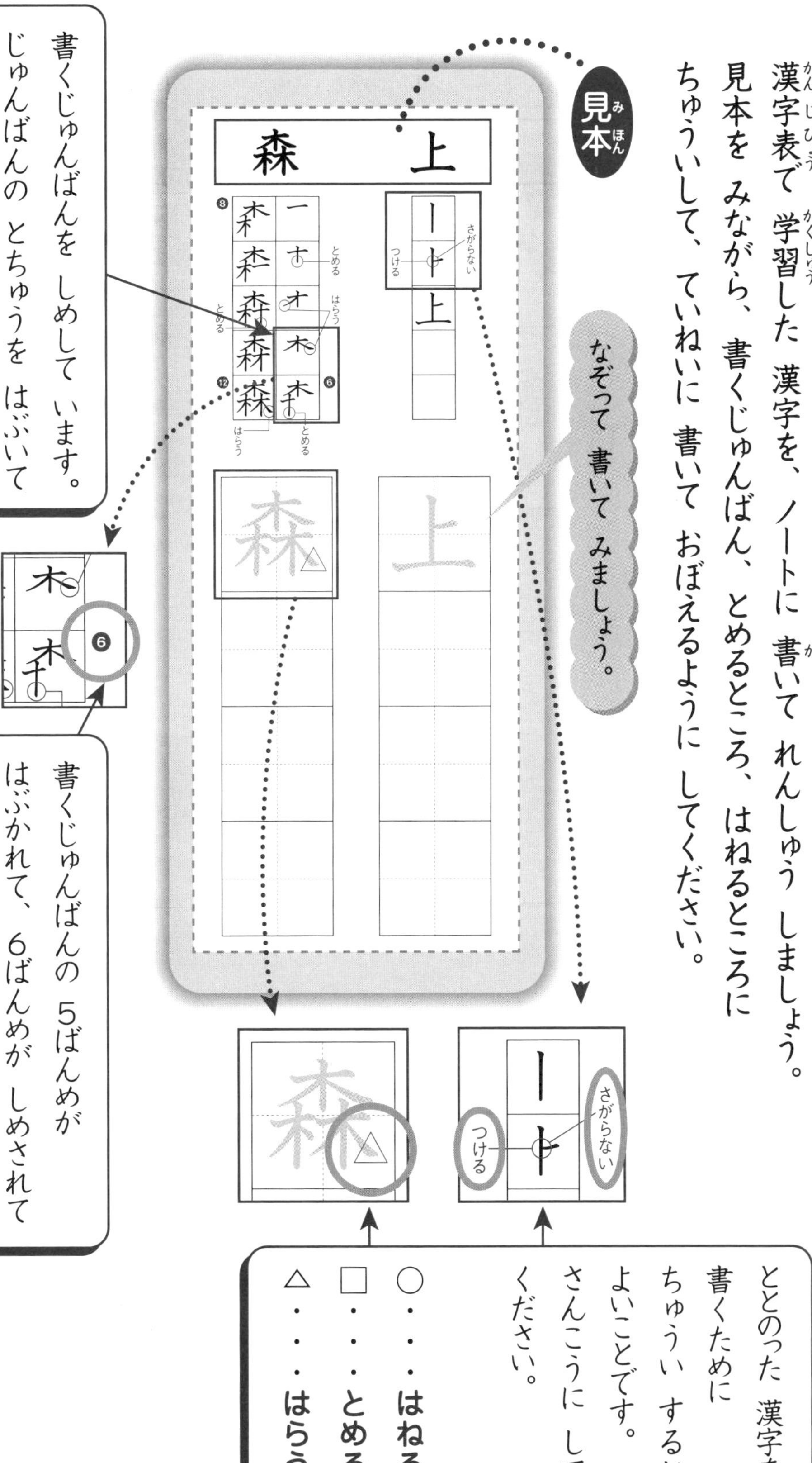

▶▶▶▶ 漢字表は 42・43ページ

円

とめる
はねる

雨

はねる
つける
とめる
ほうこうに ちゅうい

右

おなじくらいに あける

一

とめる

円　雨　右　一

ステップ 2

▶▶▶▶漢字表は46・47ページ

火　下　音　王

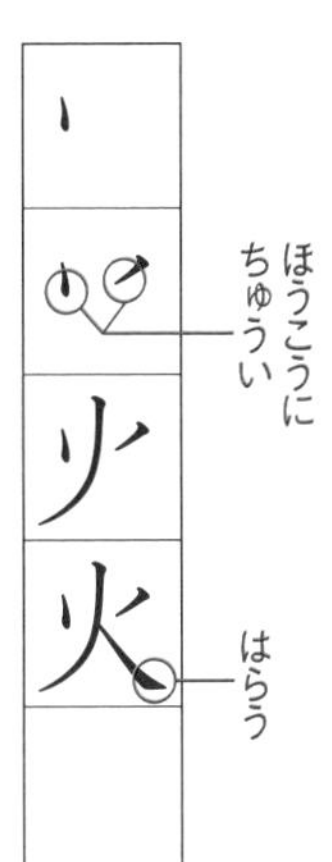

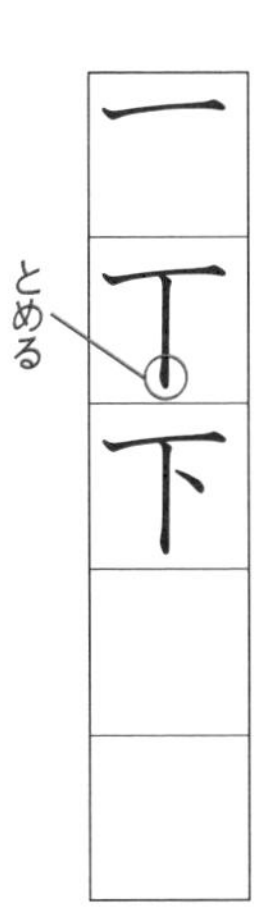

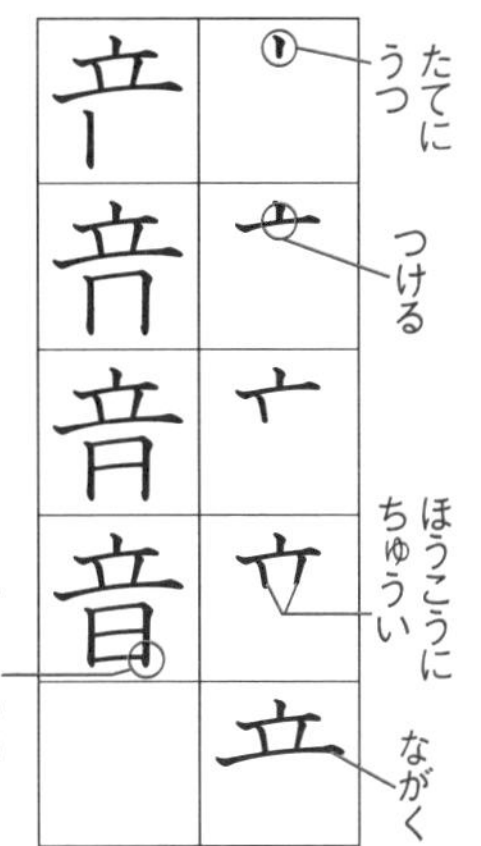

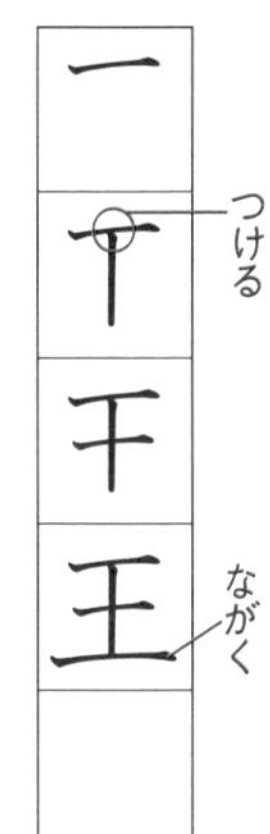

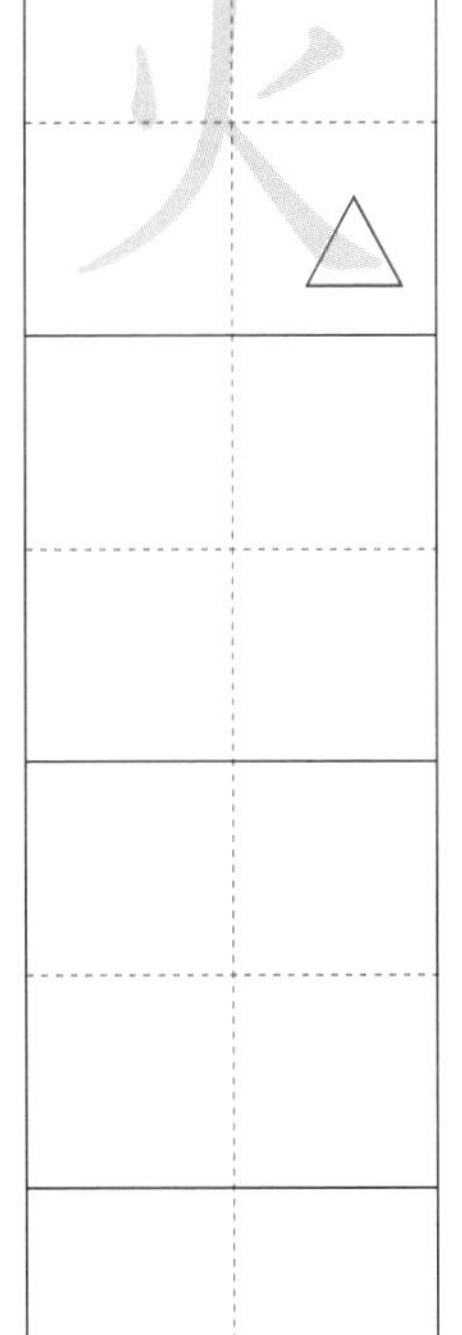

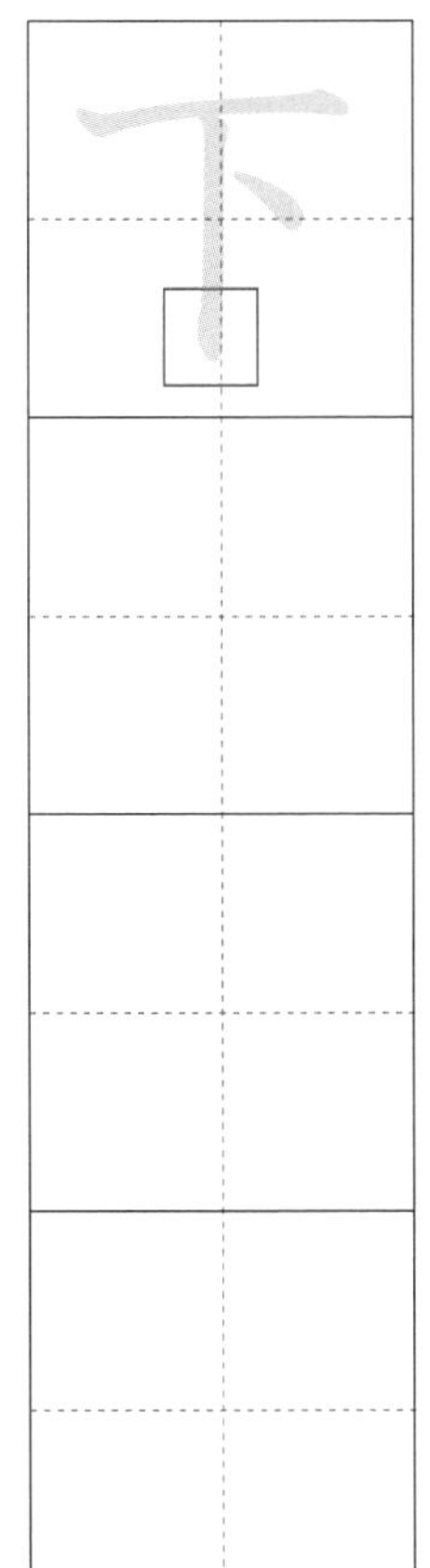

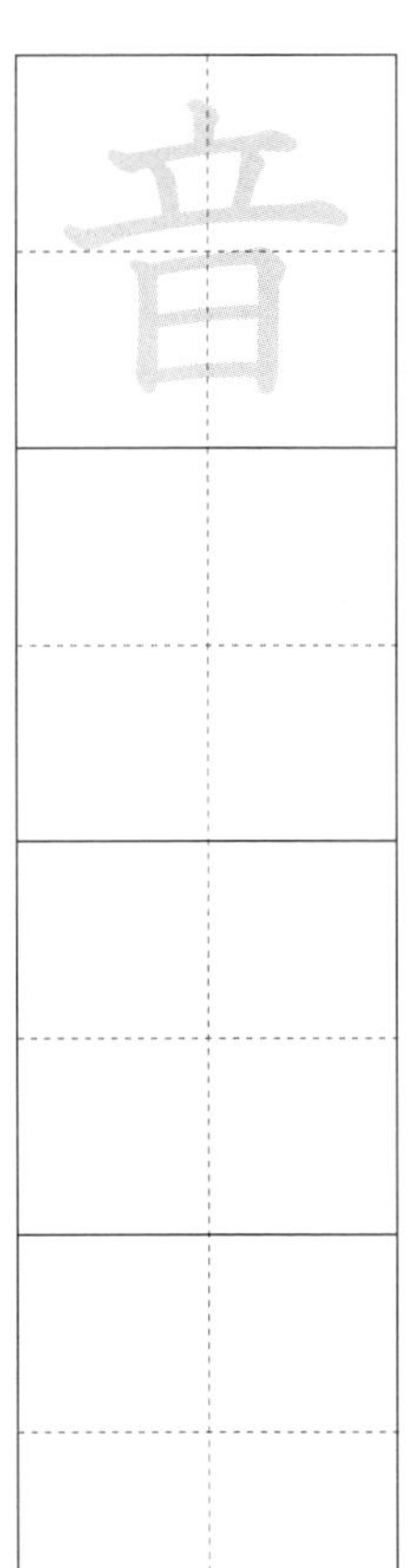

べんきょうした日（ひ）　月（がつ）　日（にち）

ステップ 3

▶▶▶▶ 漢字表は 50・51ページ

気　学　貝　花

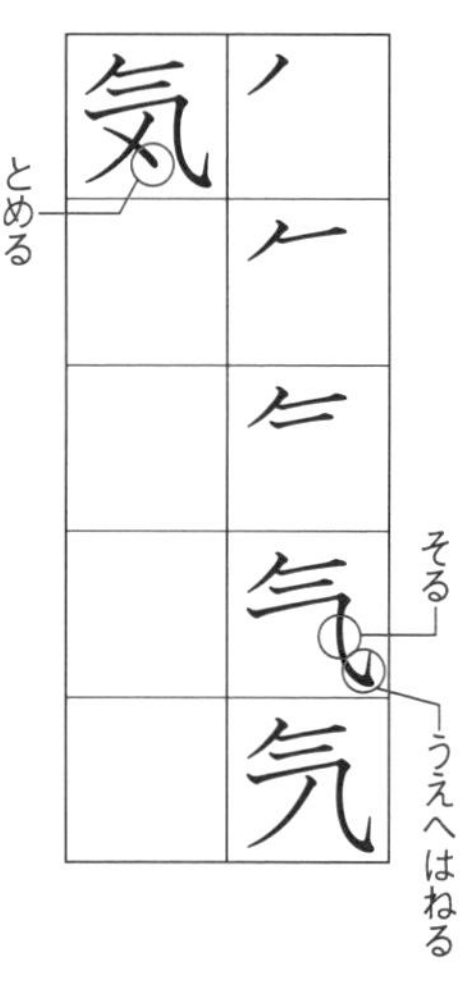

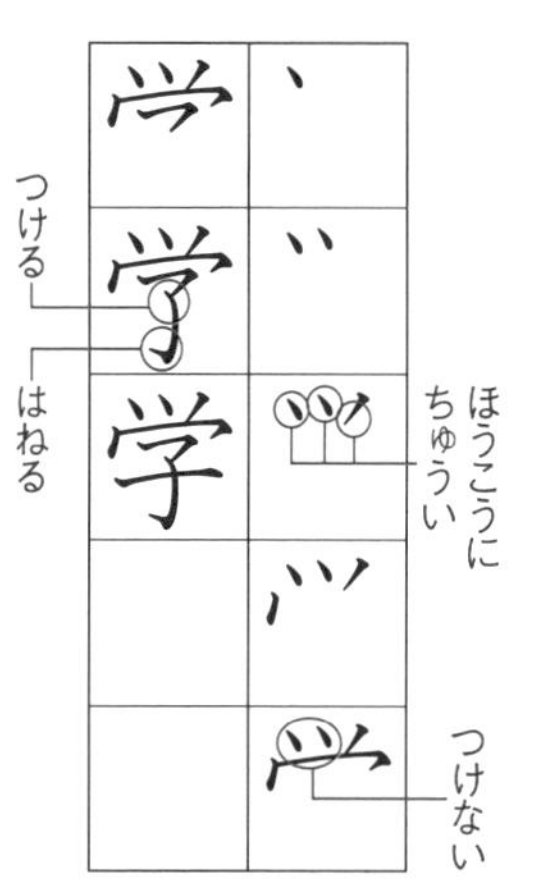

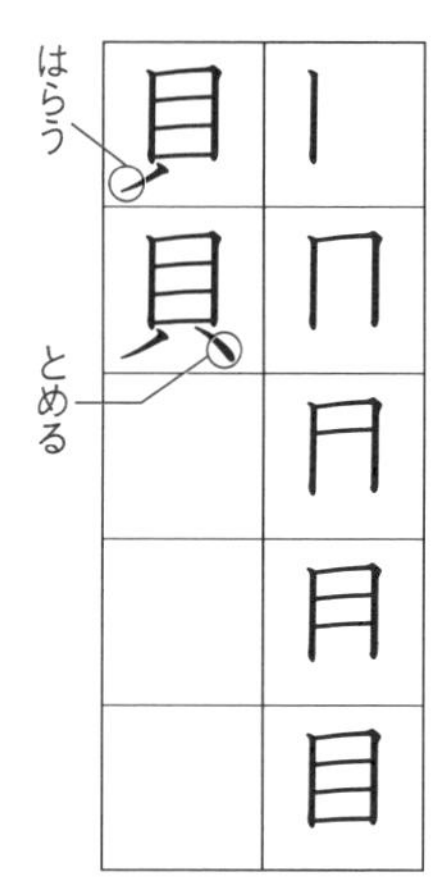

ほうこうにちゅうい
うえへはねる
とめる

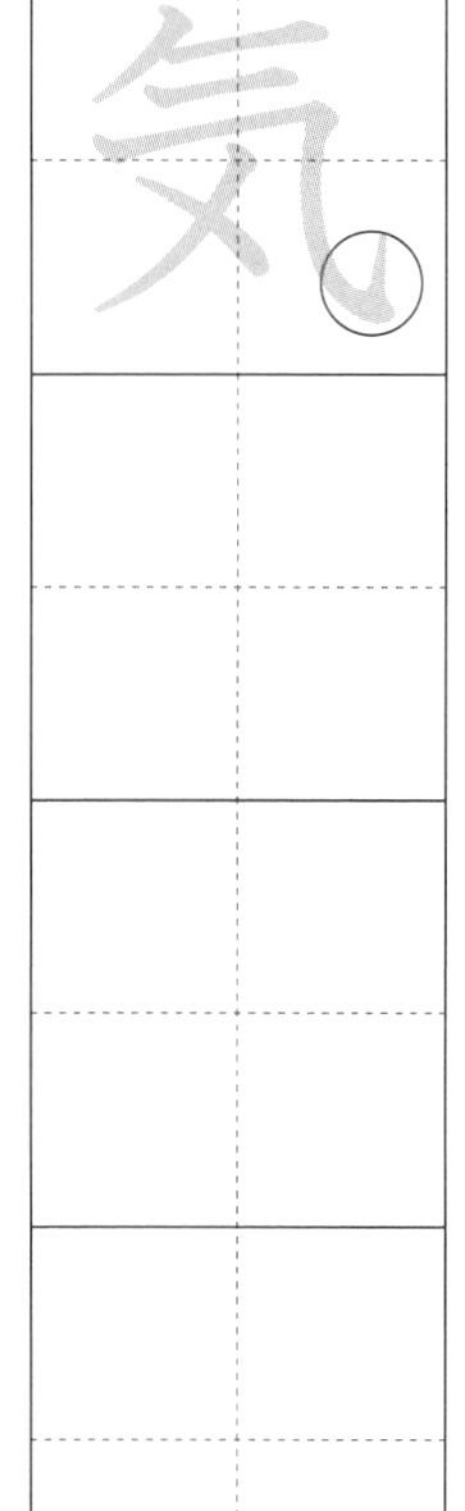

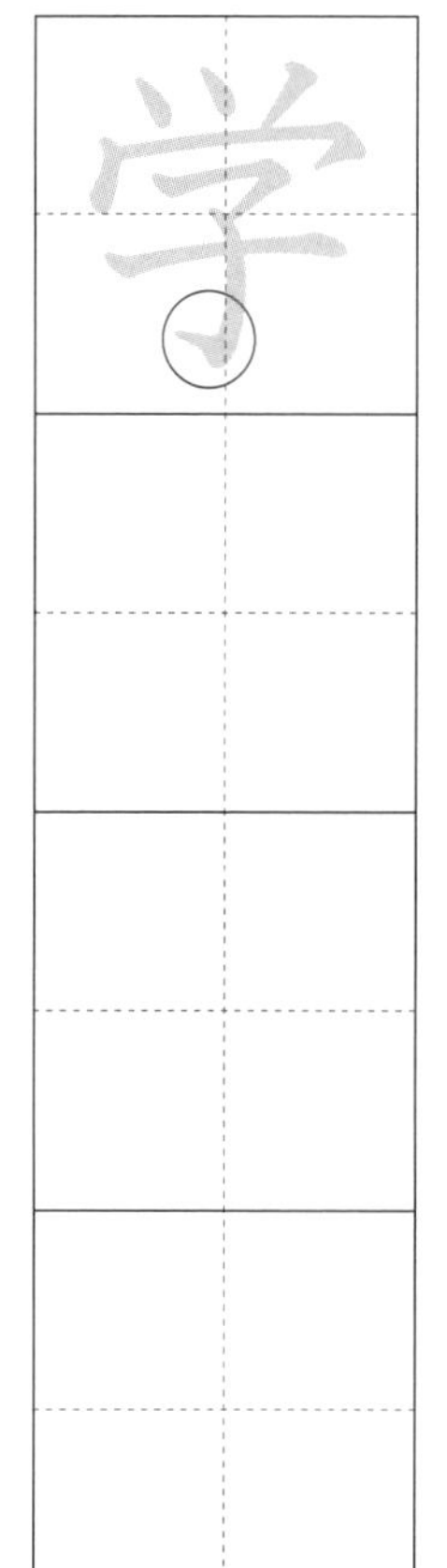

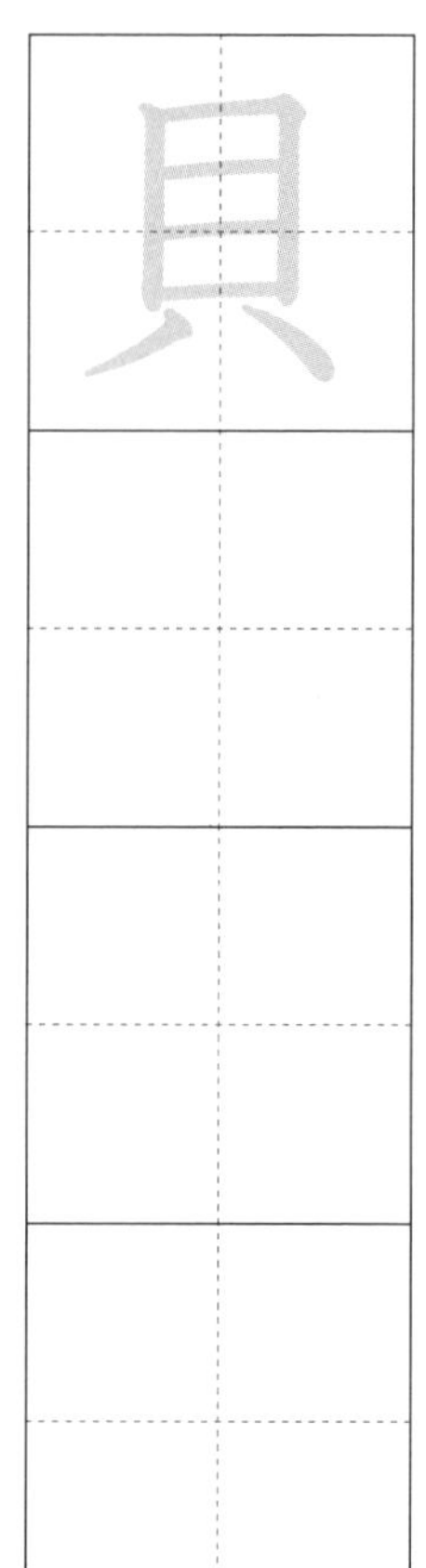

▶▶▶▶漢字表は 54・55ページ

金　玉　休　九

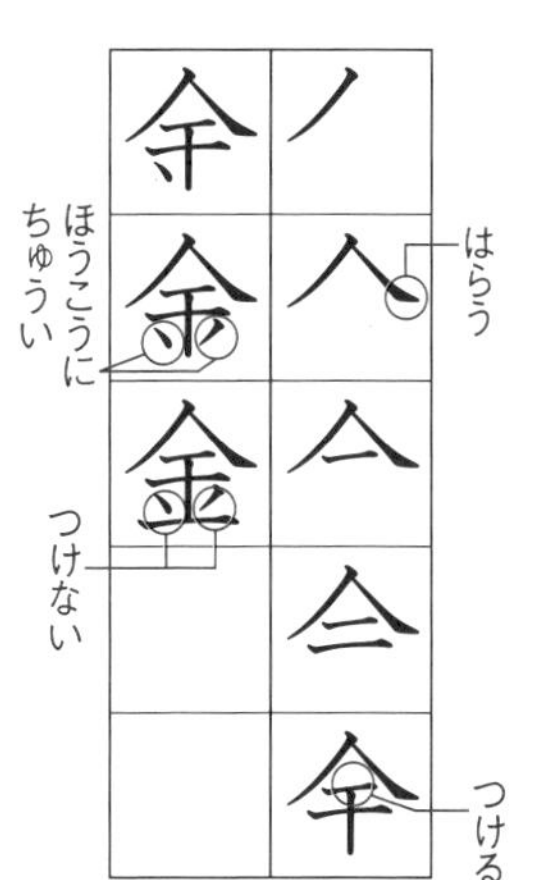

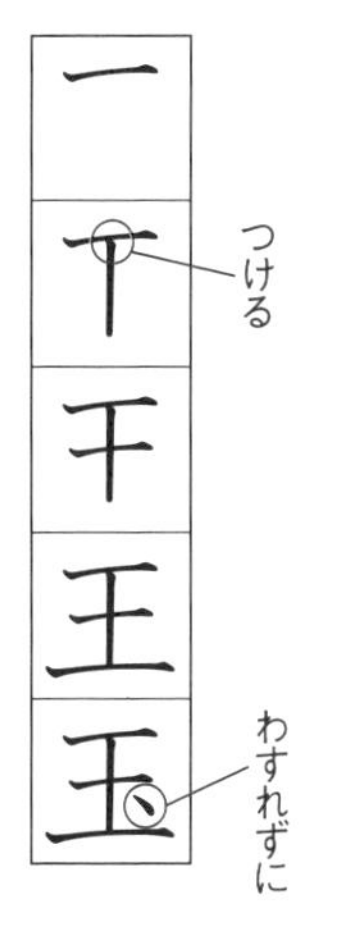

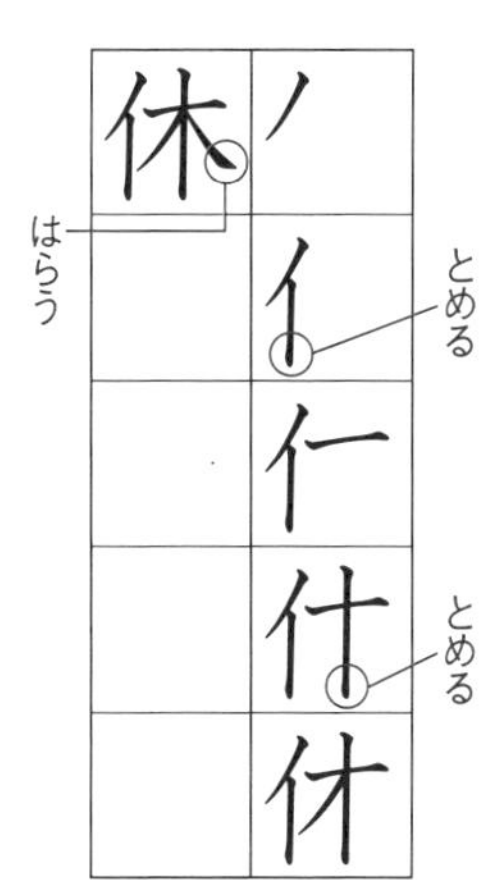

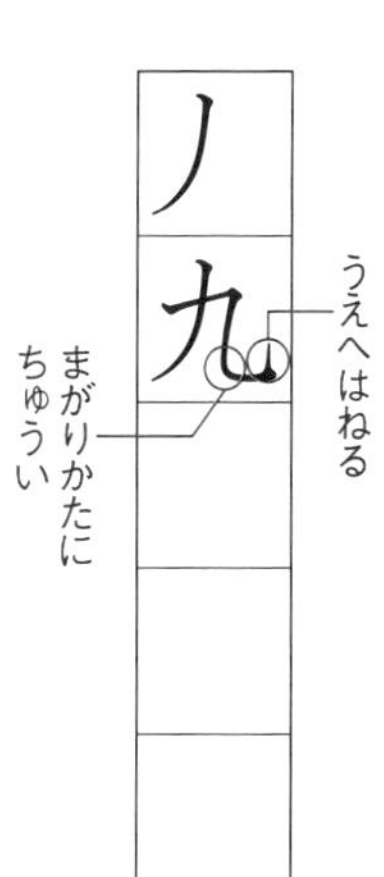

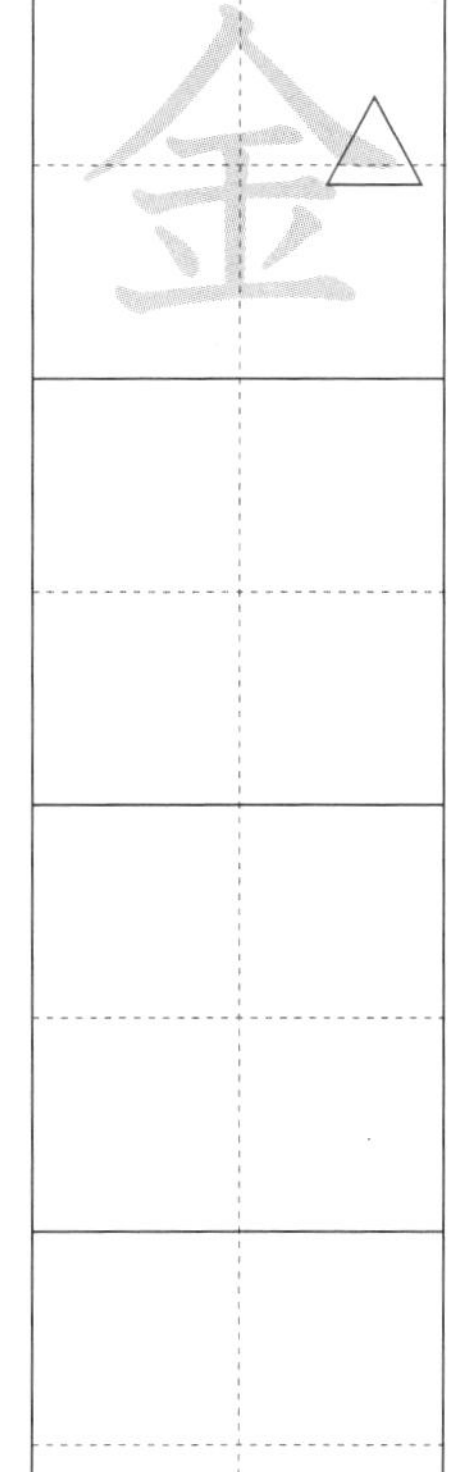

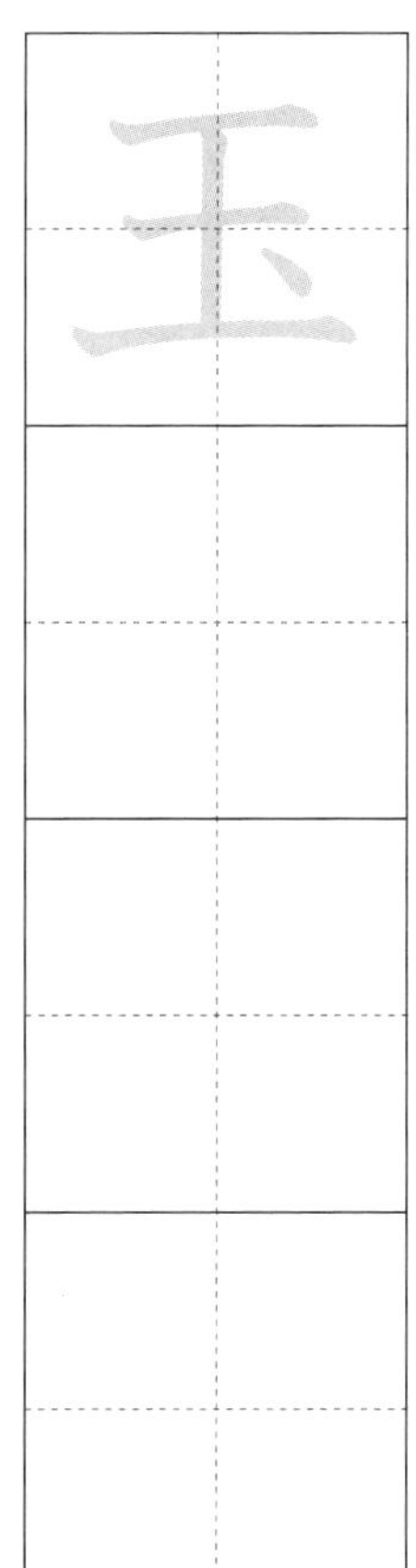

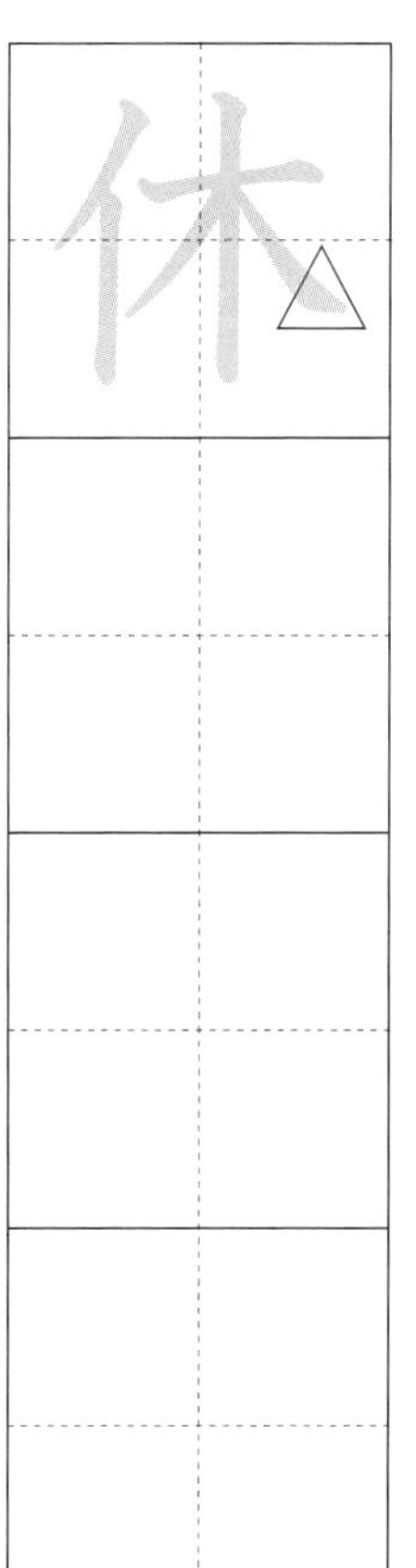

▶▶▶▶▶ 漢字表は 58・59ページ

見　犬　月　空

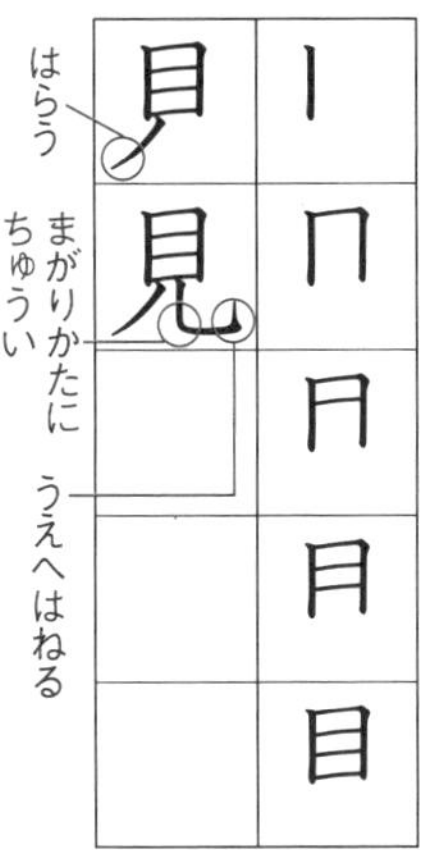

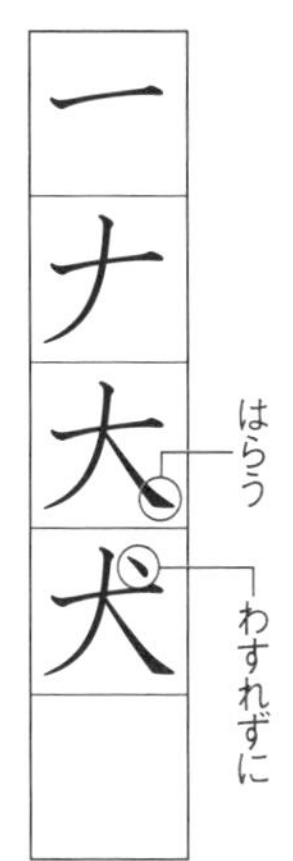

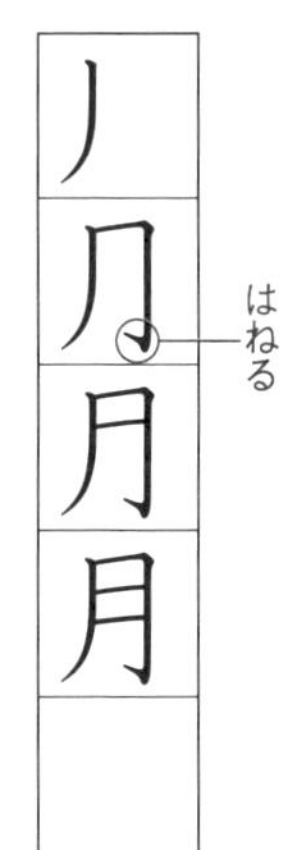

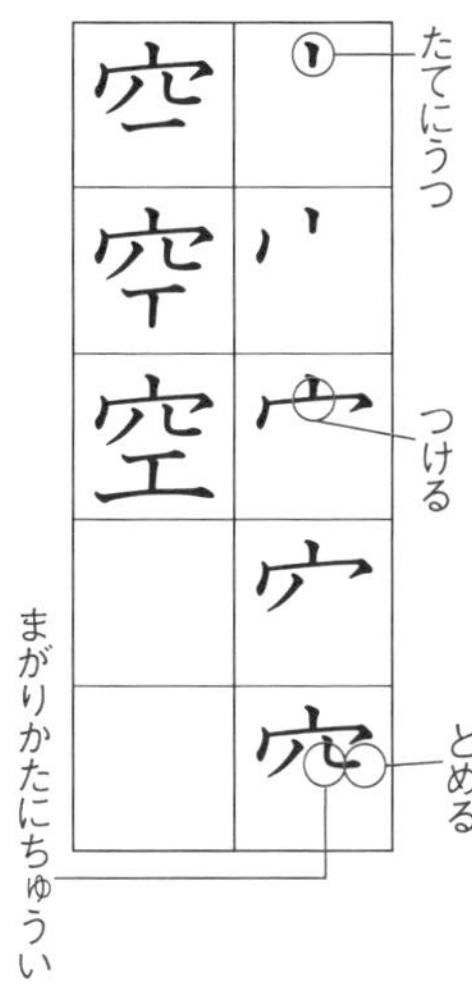

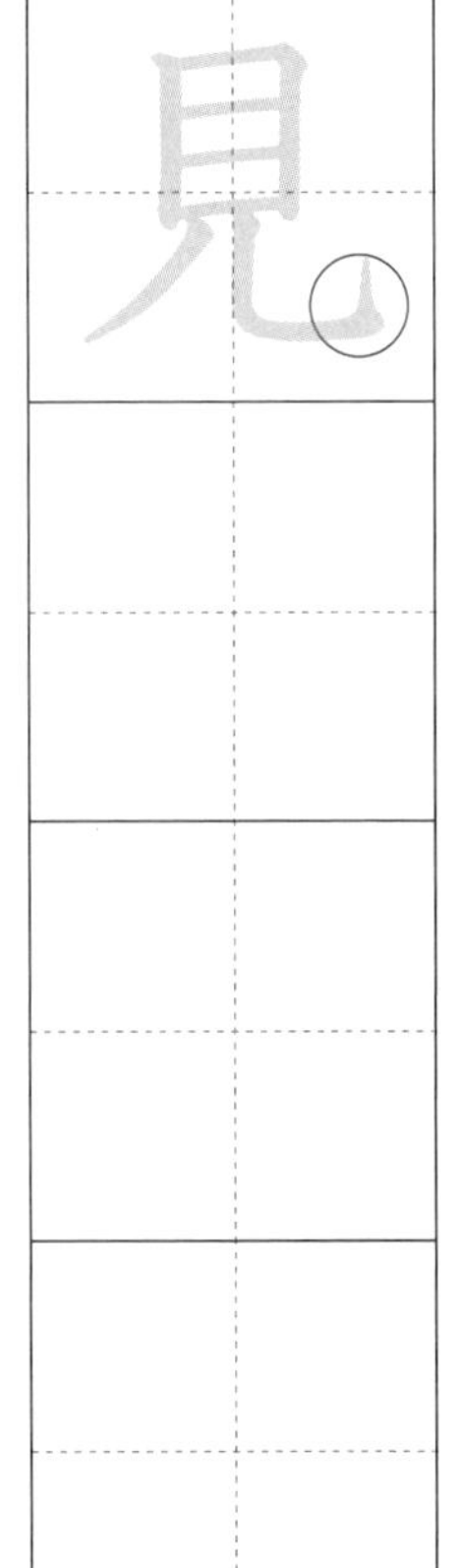

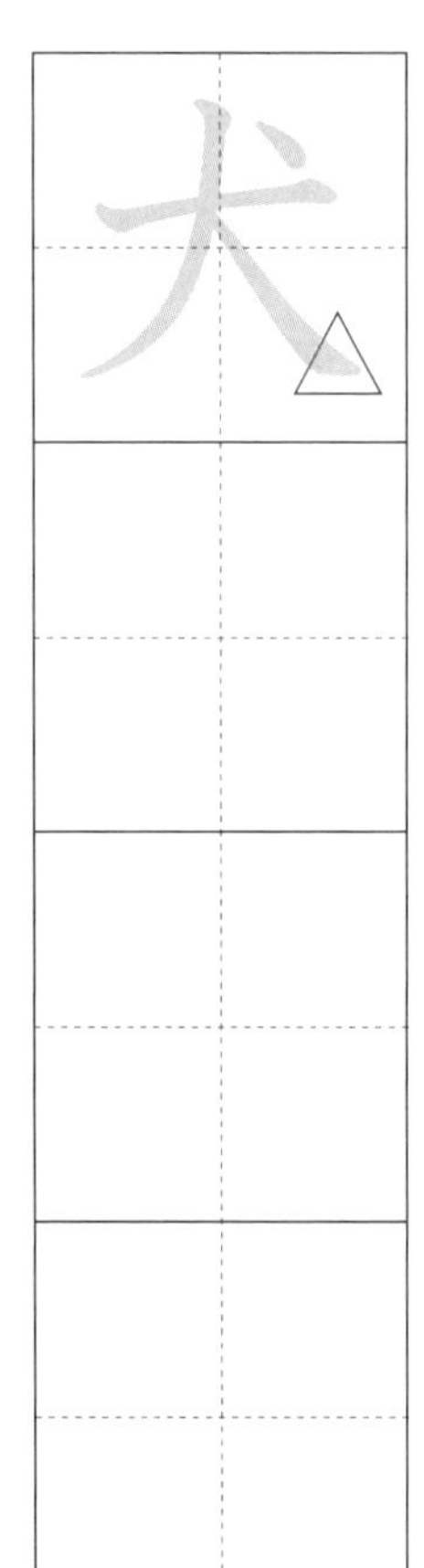

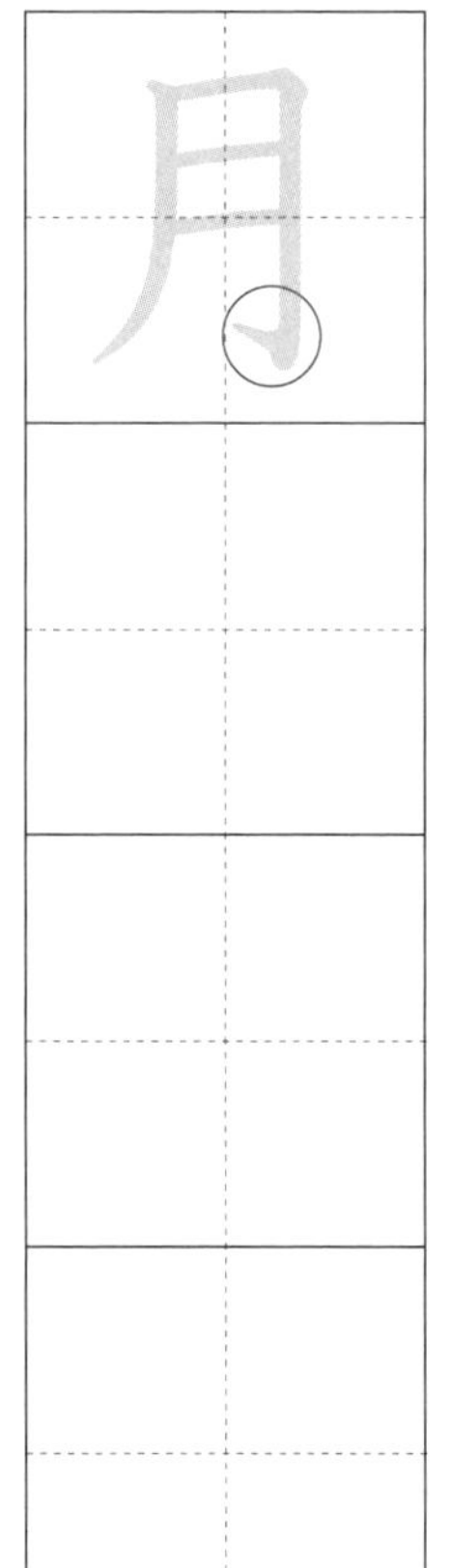

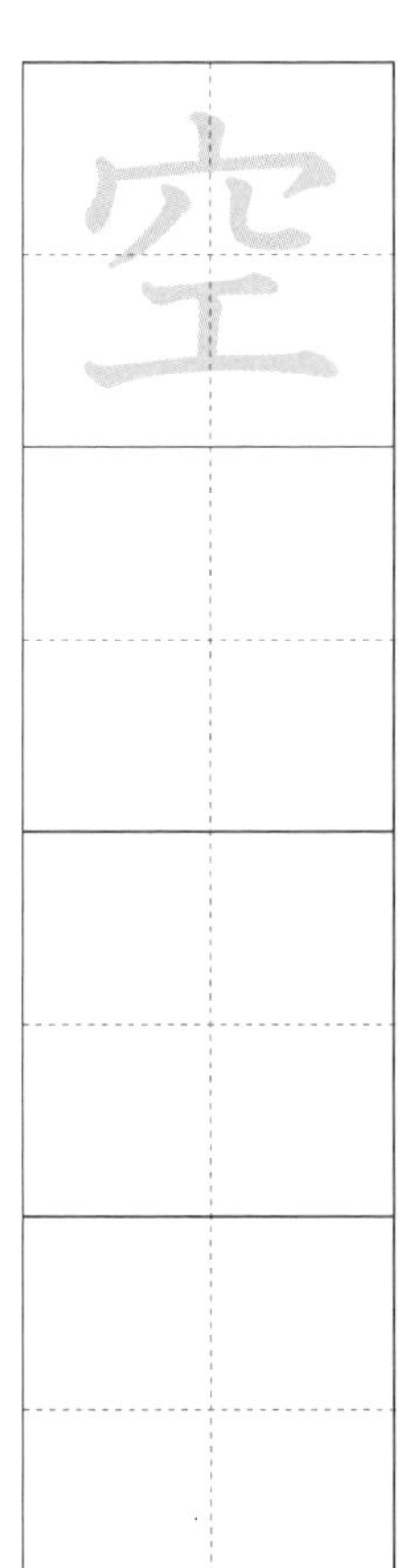

▶▶▶▶ 漢字表は 66・67ページ

左　校　口　五

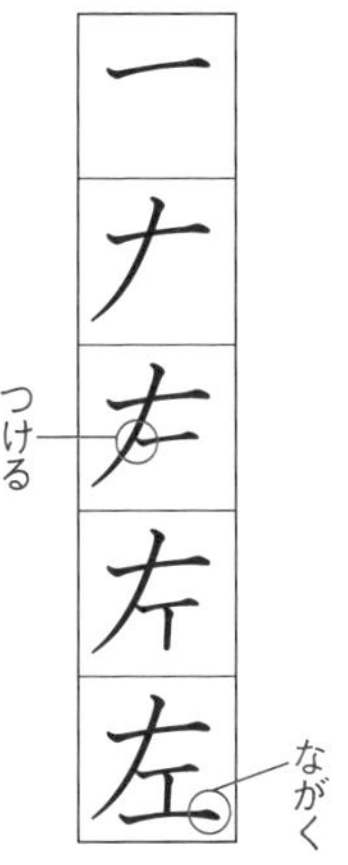

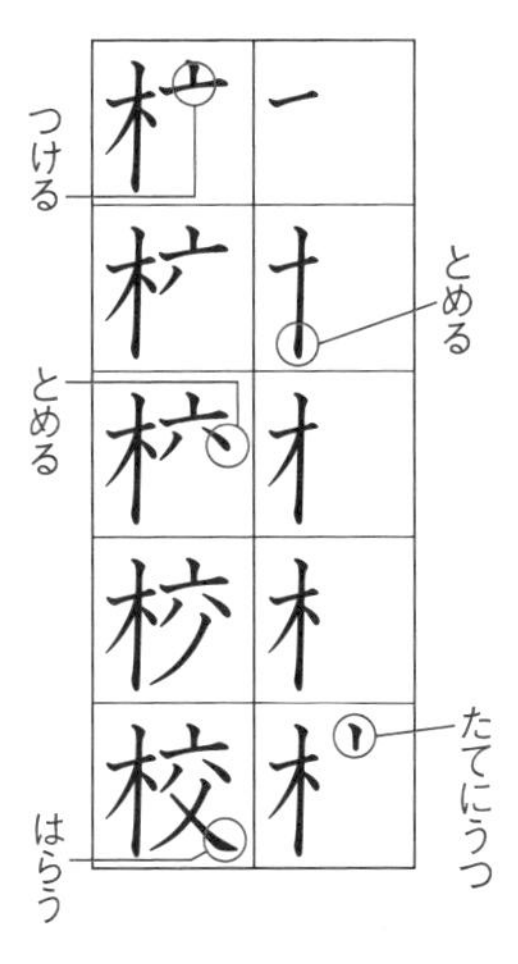

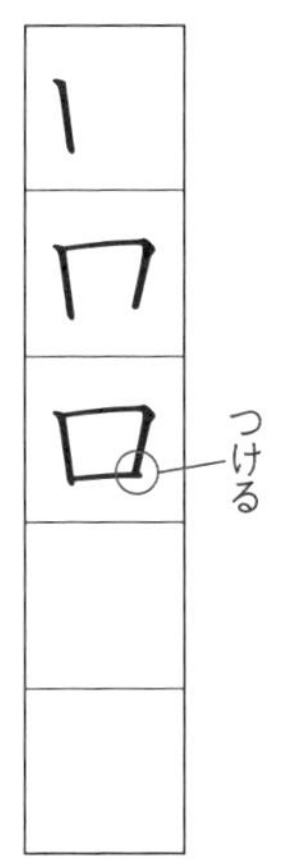

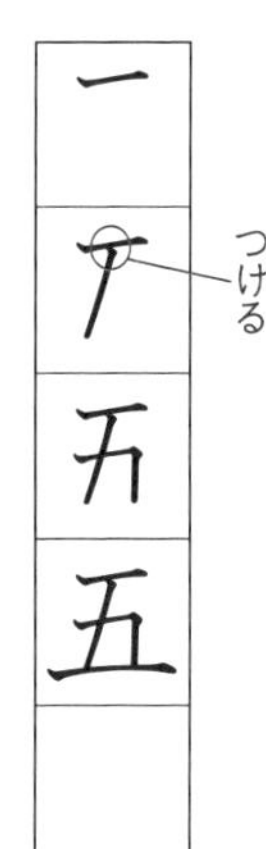

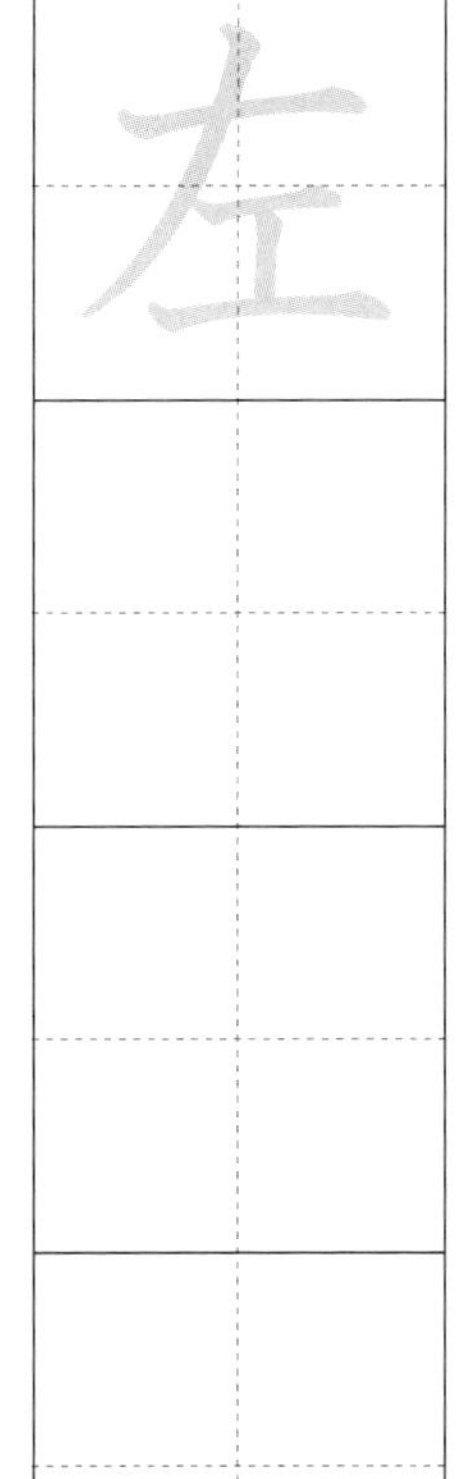

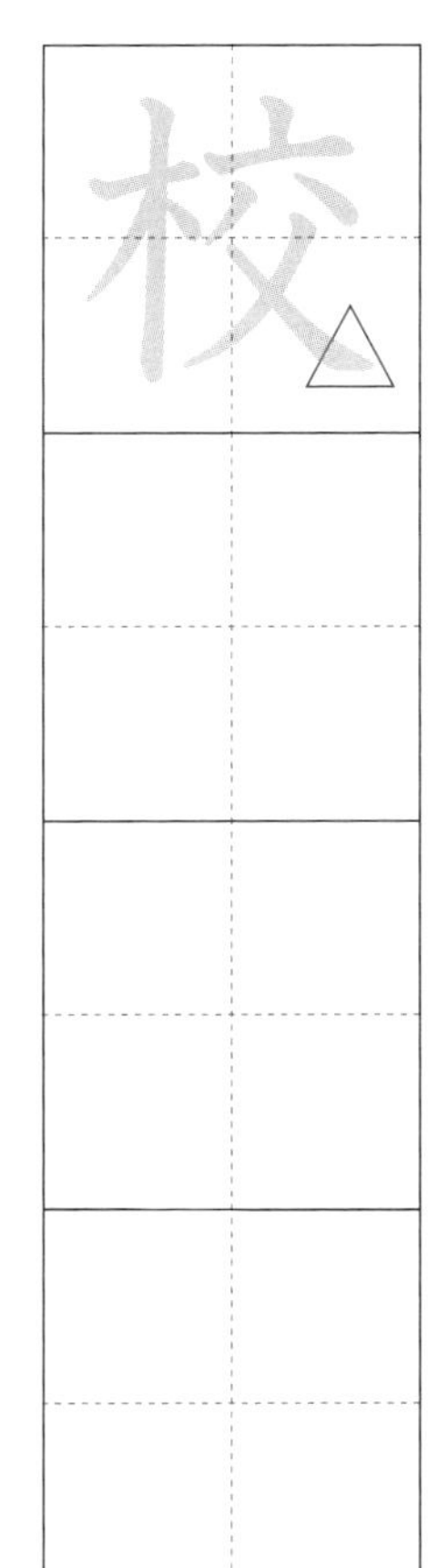

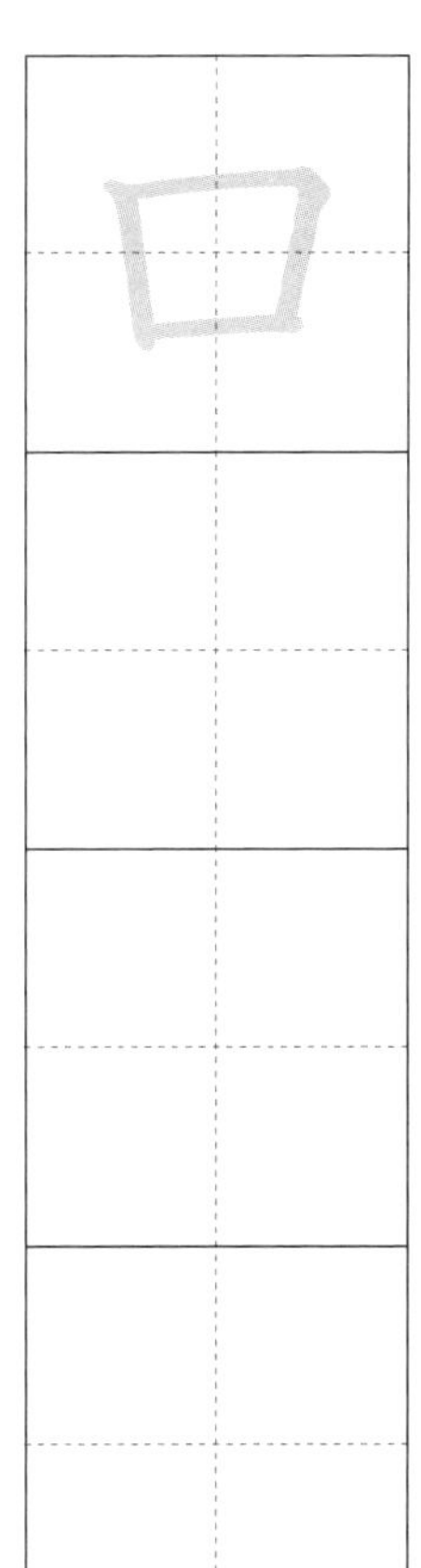

ステップ 7

▶▶▶▶ 漢字表は 70・71ページ

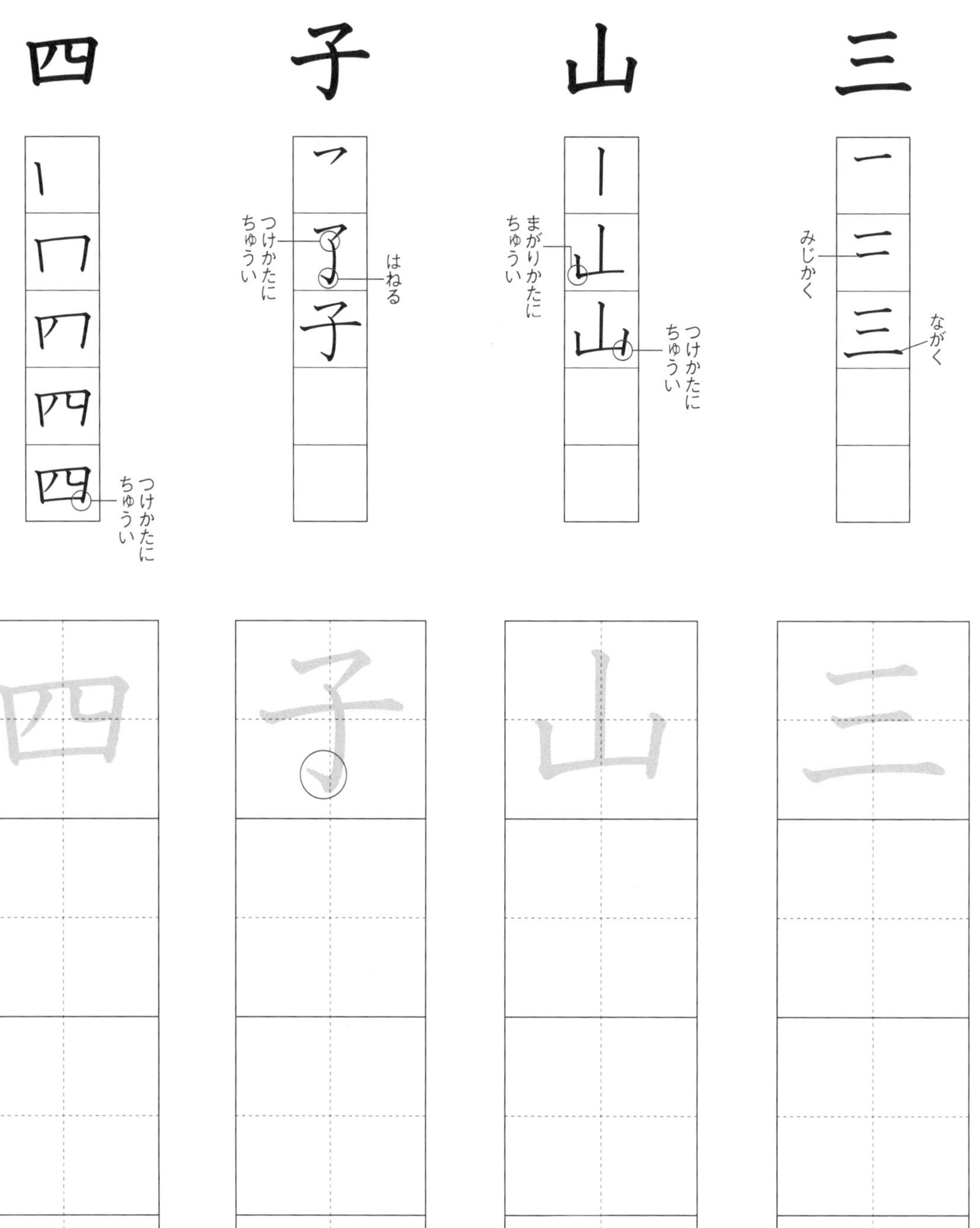

ステップ 8

▶▶▶▶漢字表は 74・75ページ

七　耳　字　糸

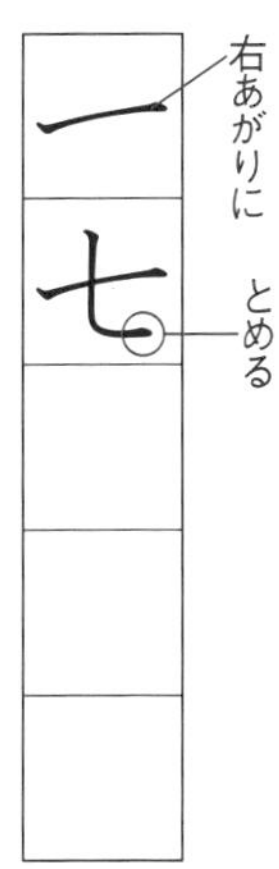

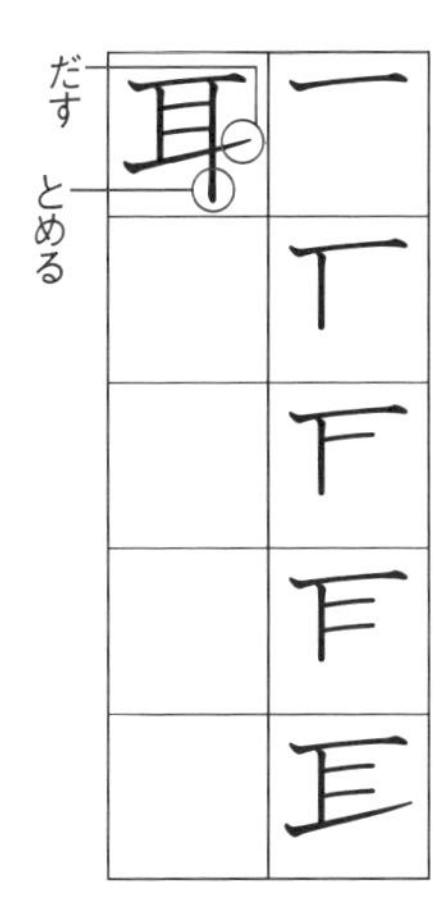

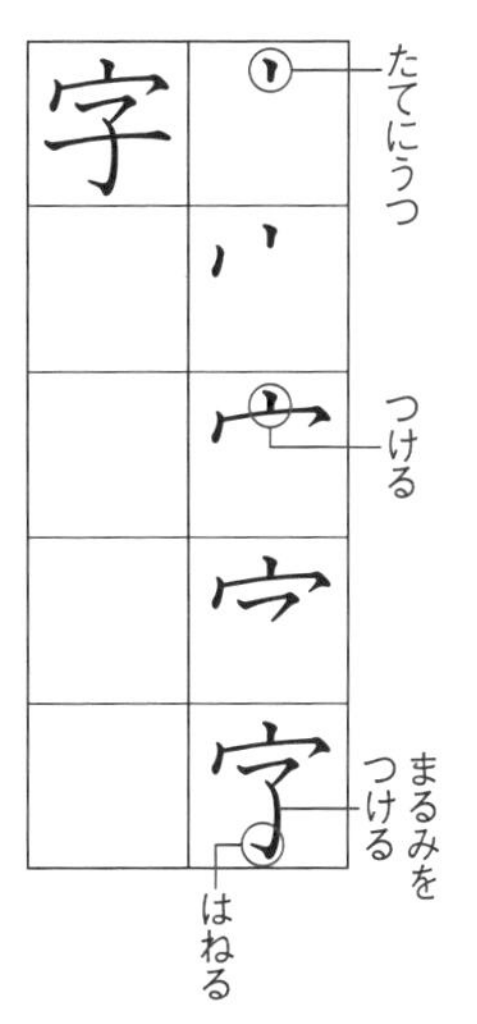

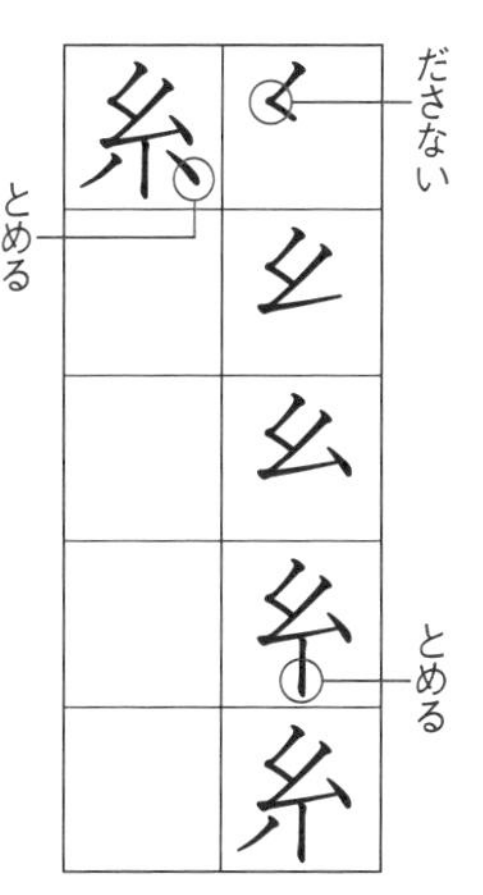

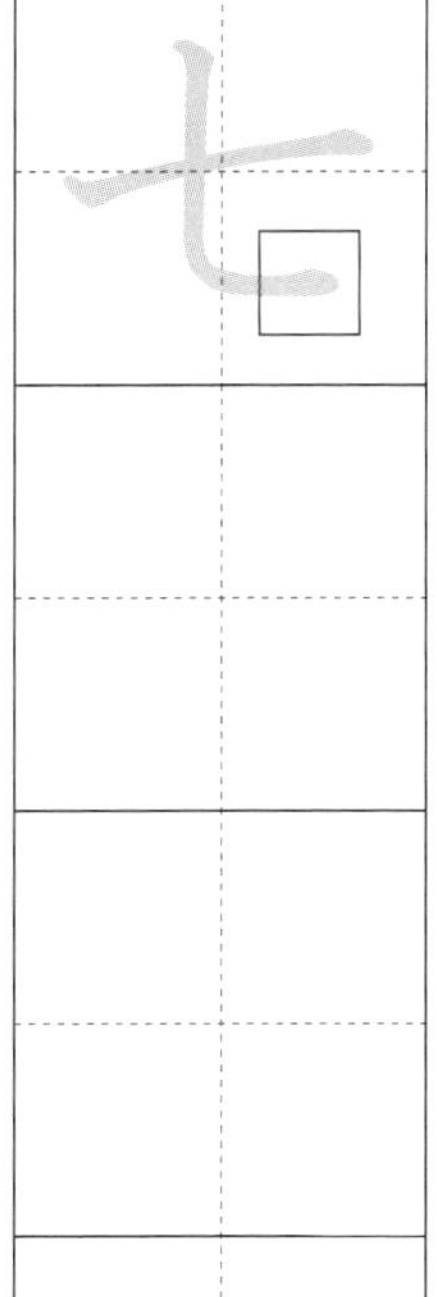

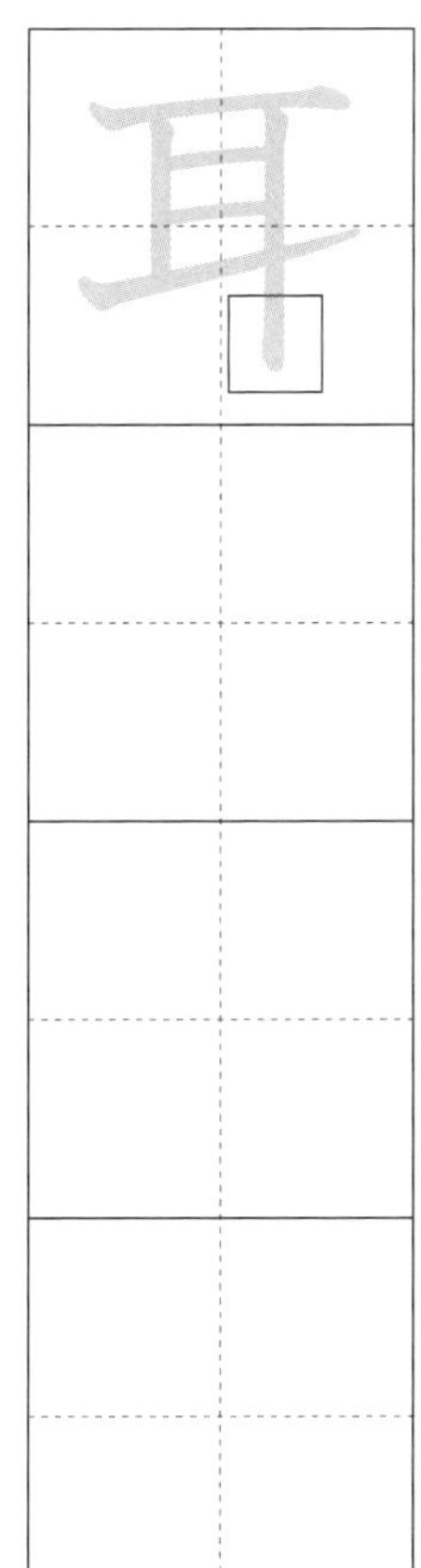

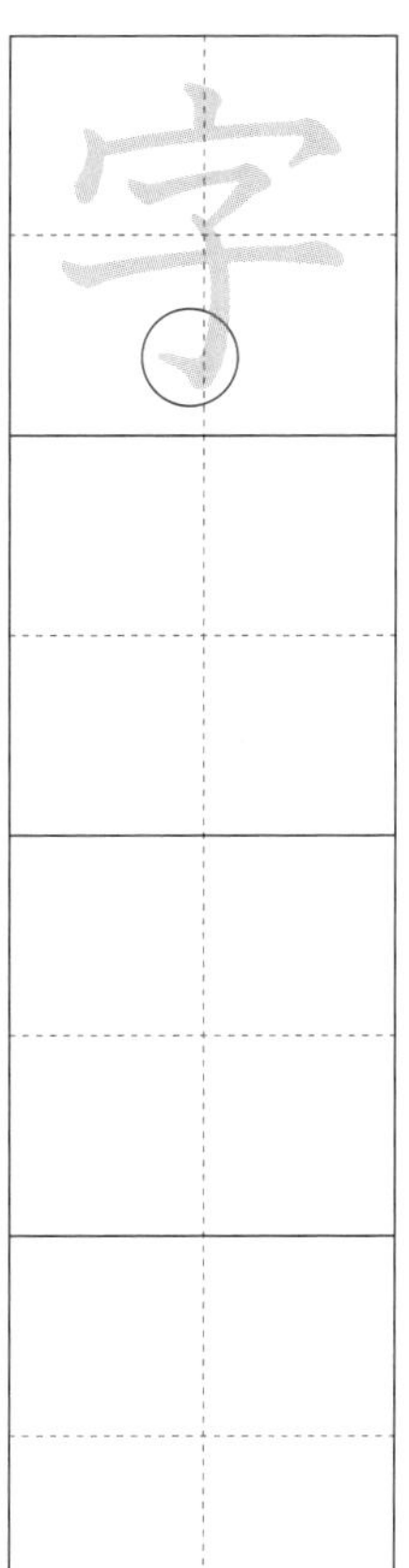

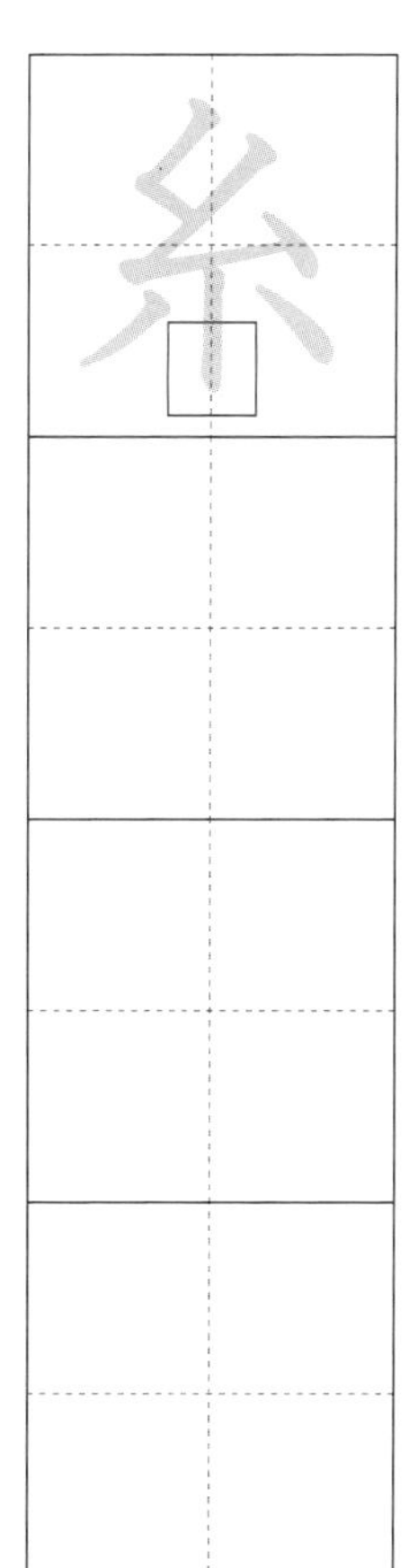

ステップ 9

漢字表は 78・79ページ

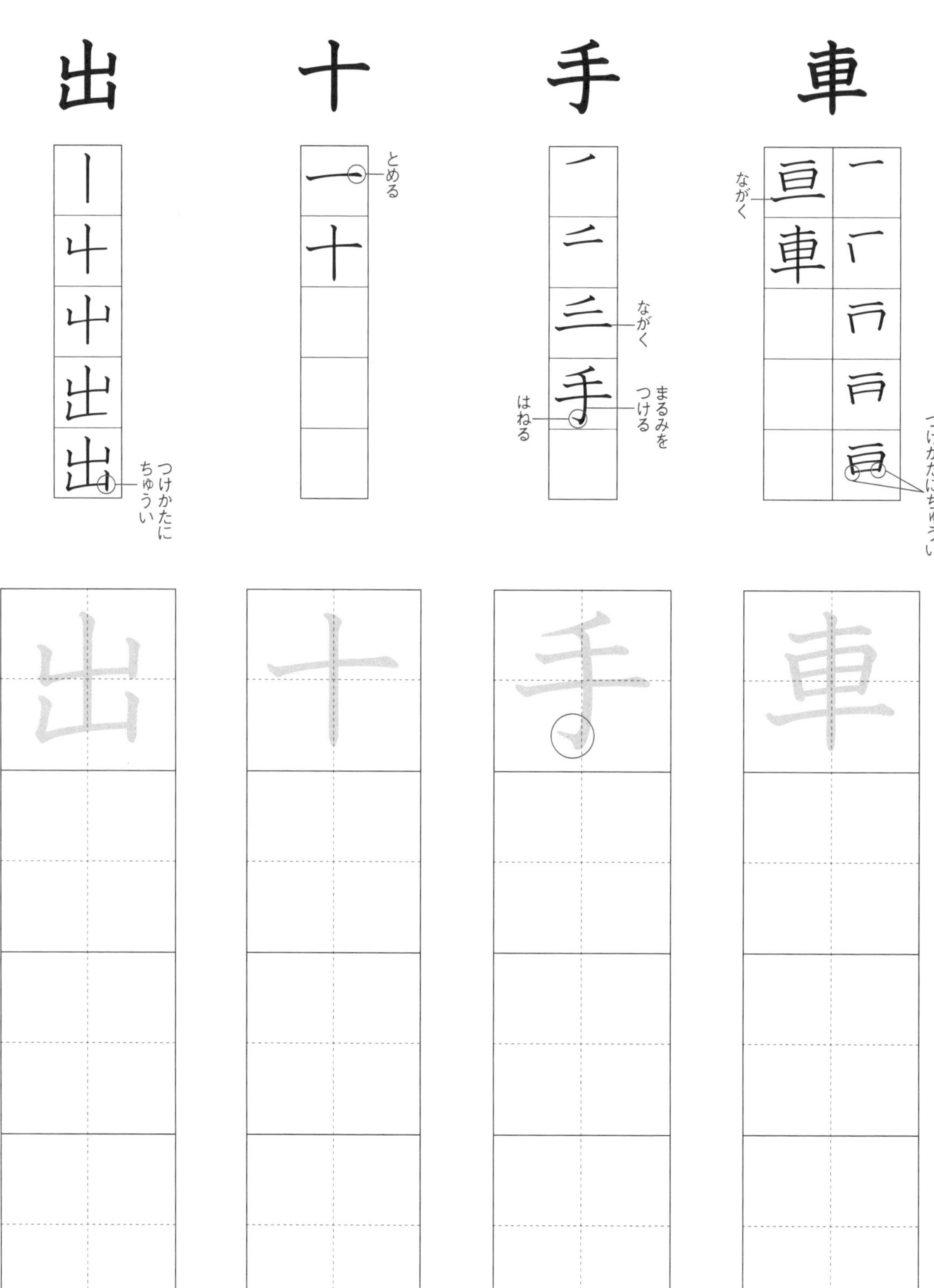

ステップ10

漢字表は82・83ページ

森　上　小　女

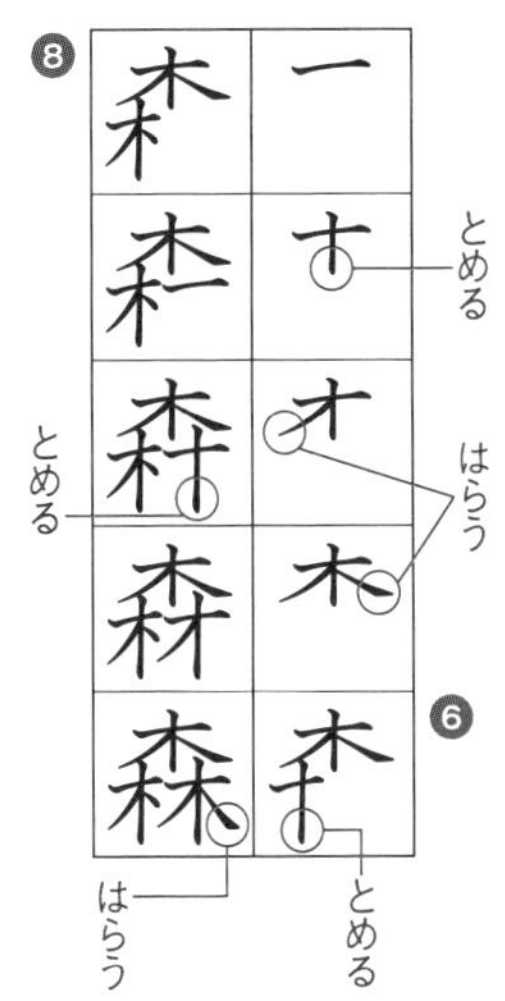

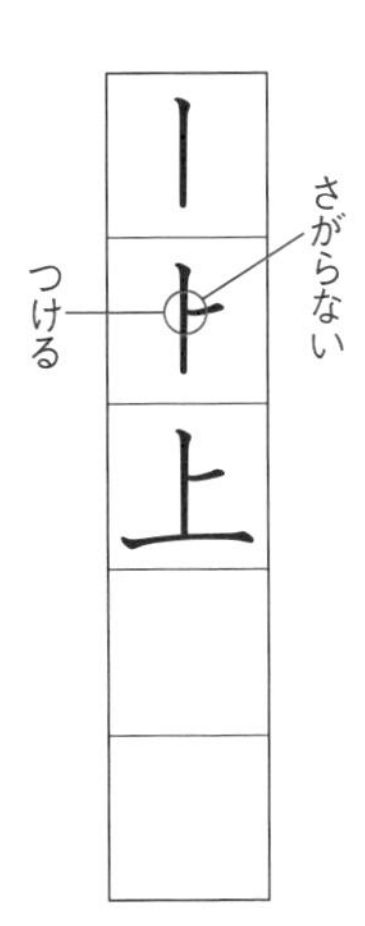

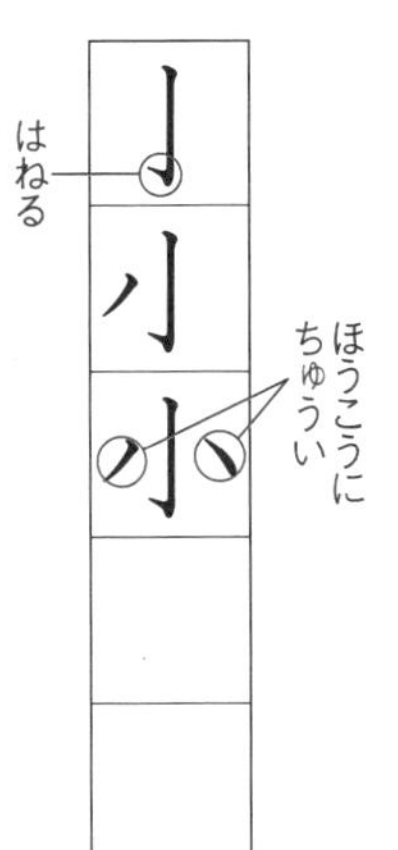

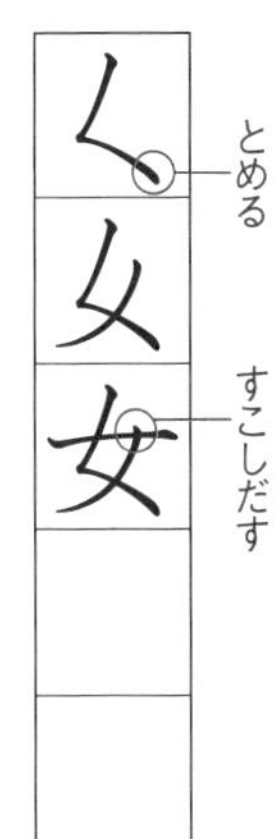

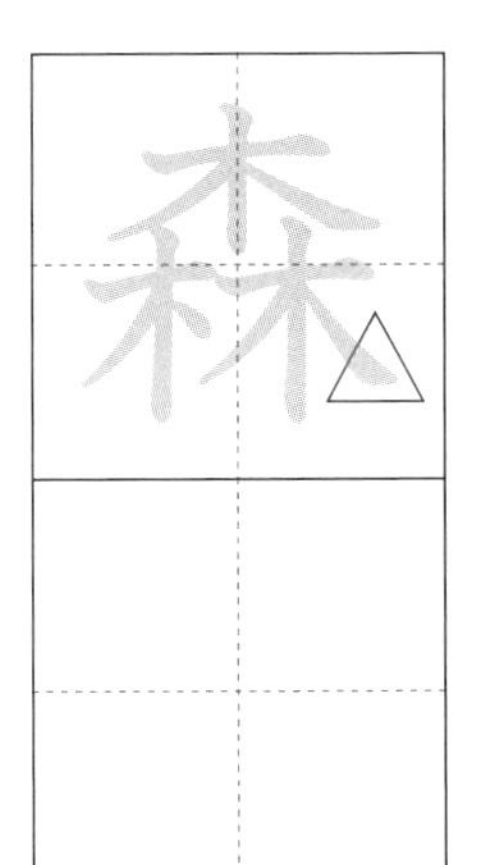

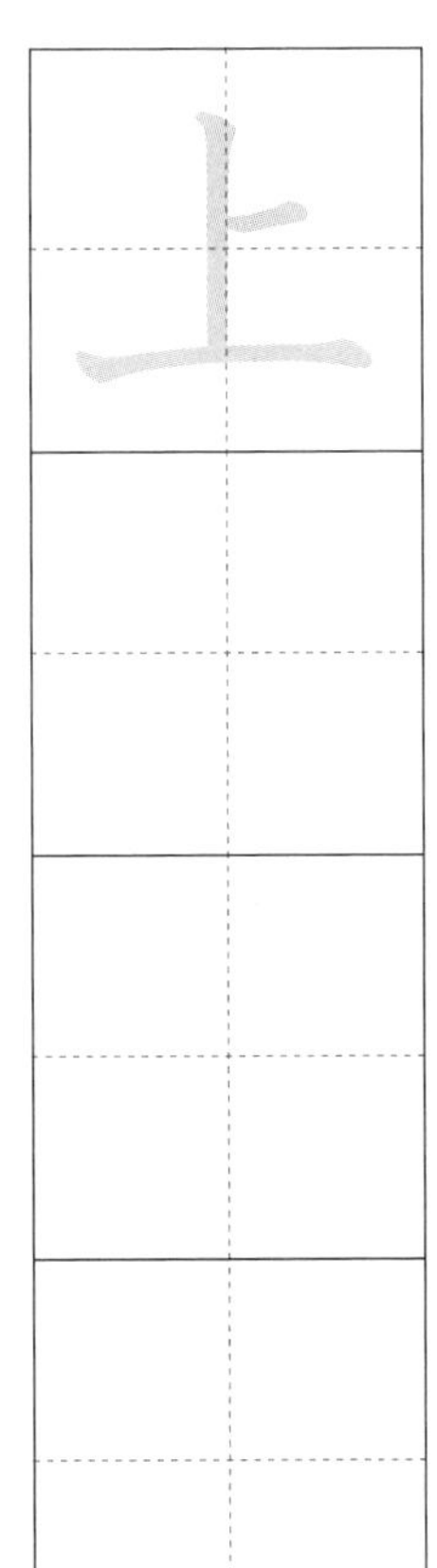

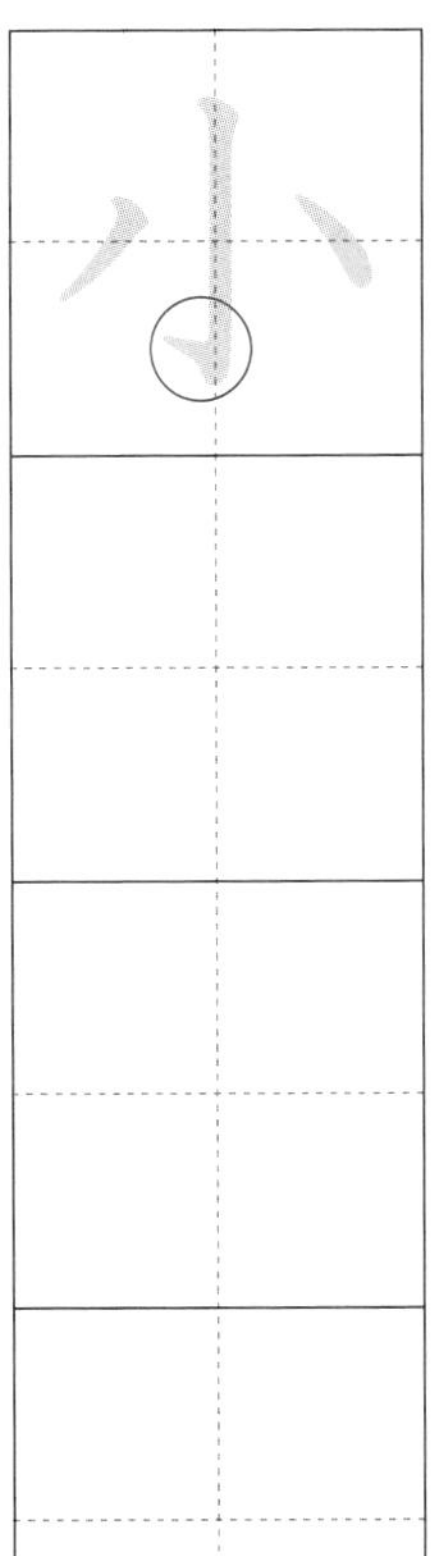

ステップ 11

漢字表は 90・91ページ

生

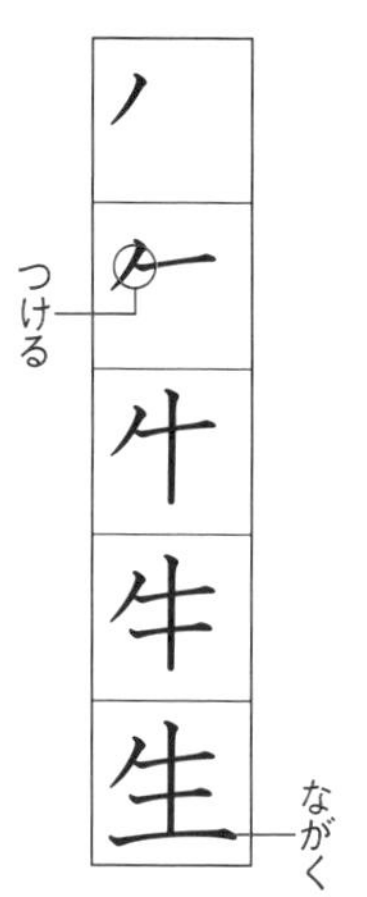

正

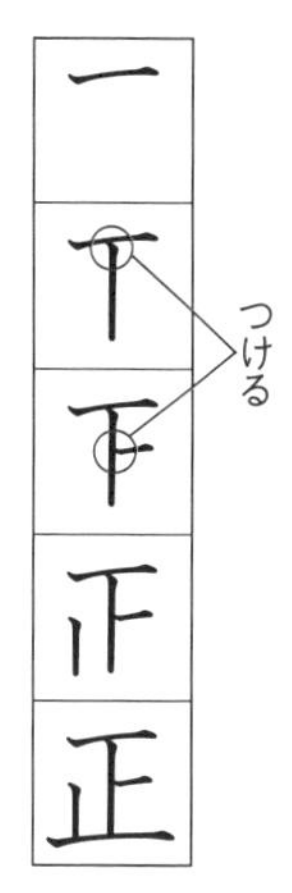

水

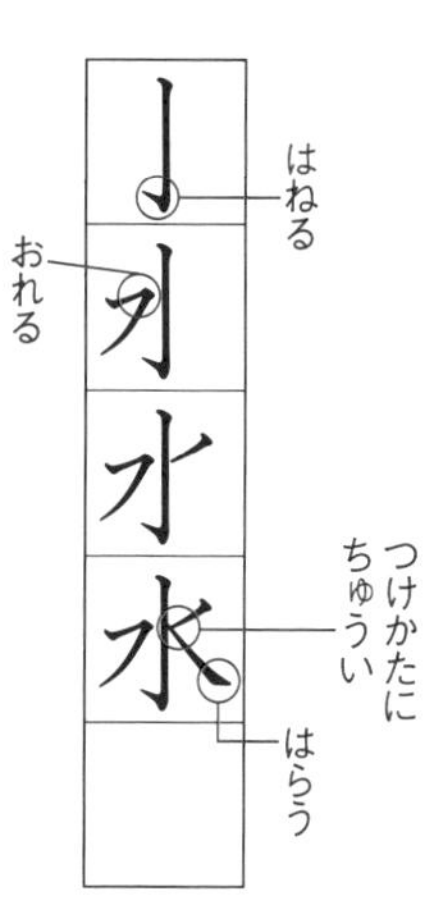

人

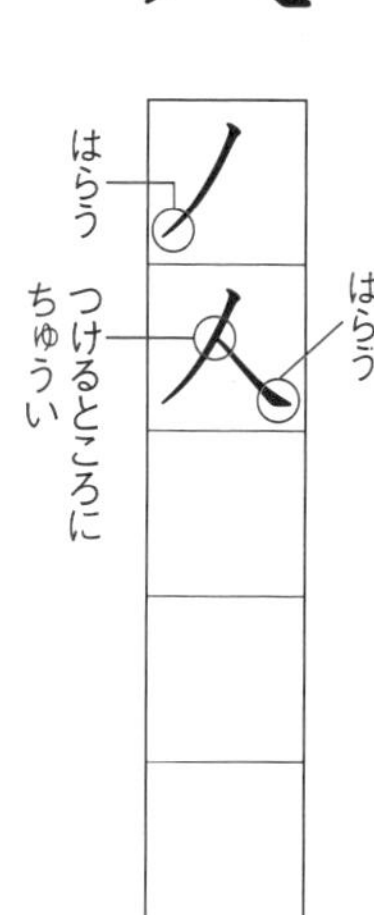

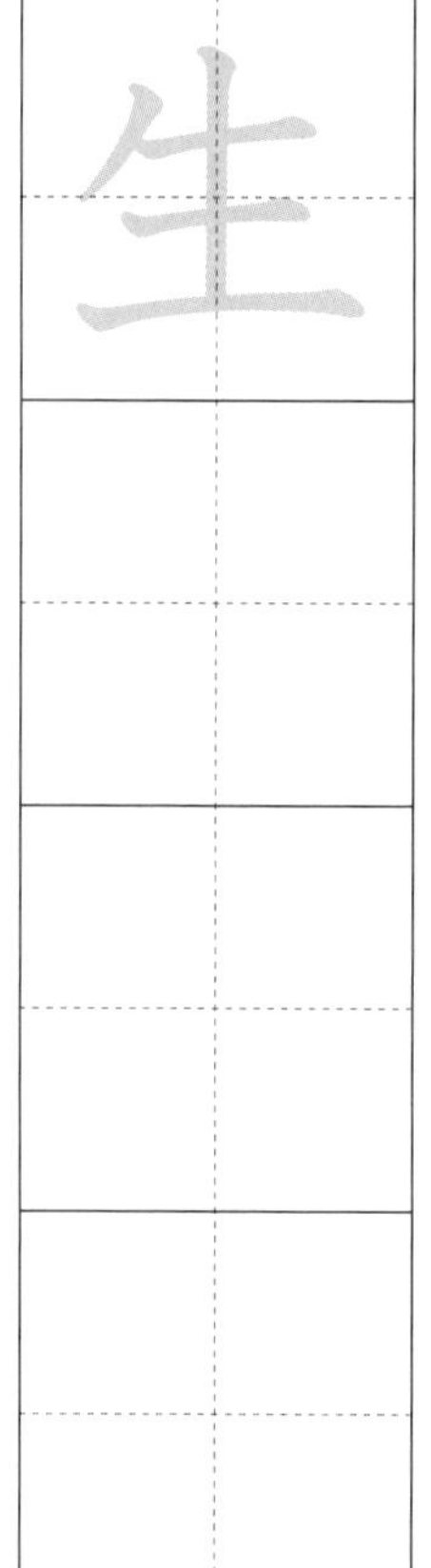

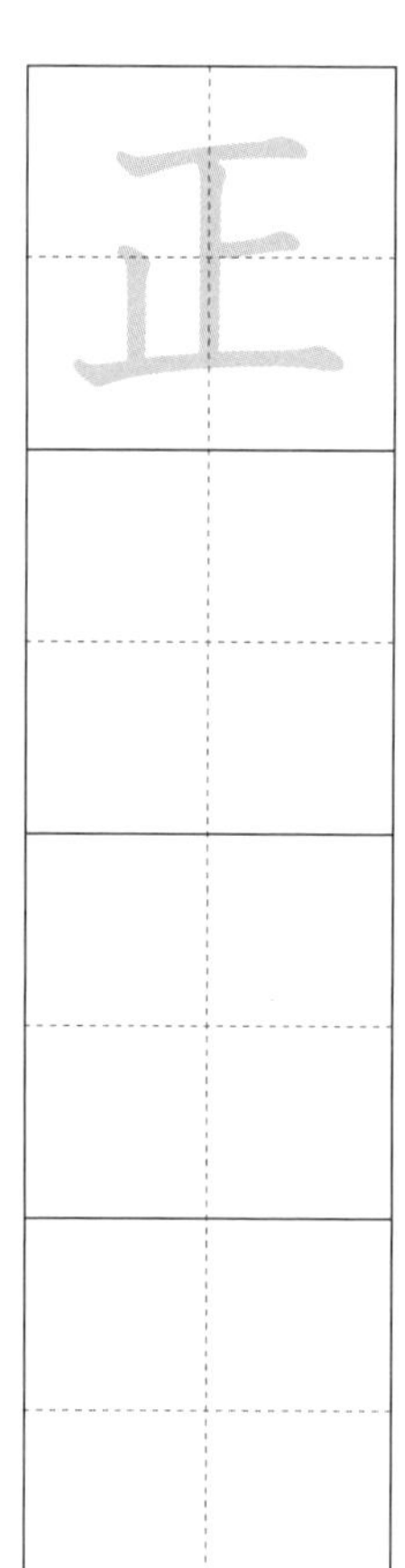

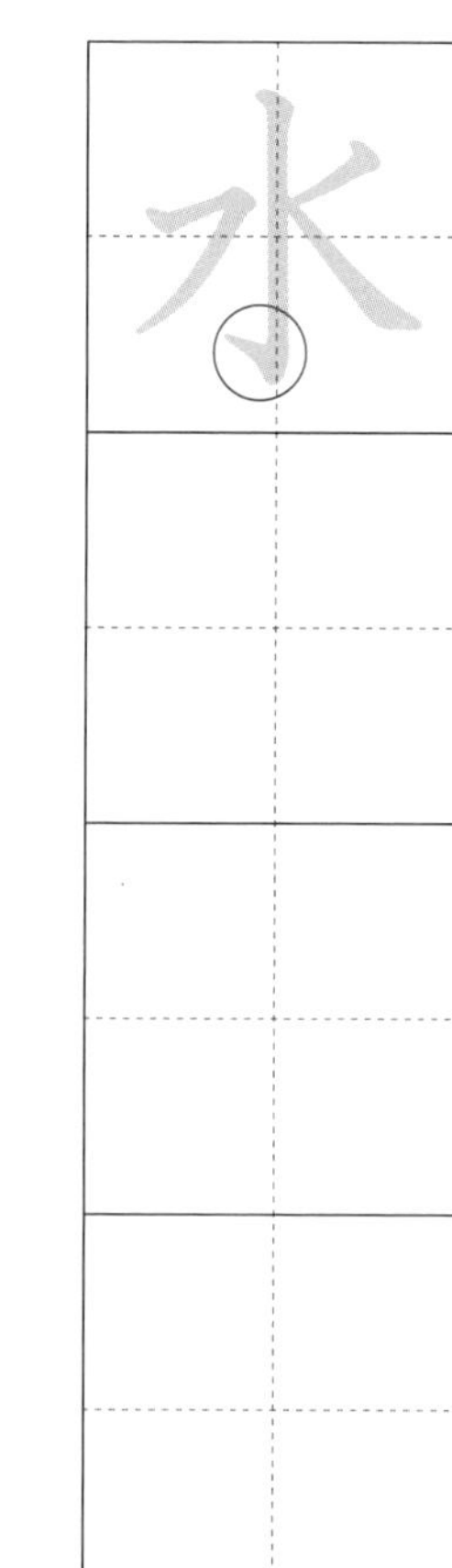

▶▶▶▶ 漢字表は 94・95ページ

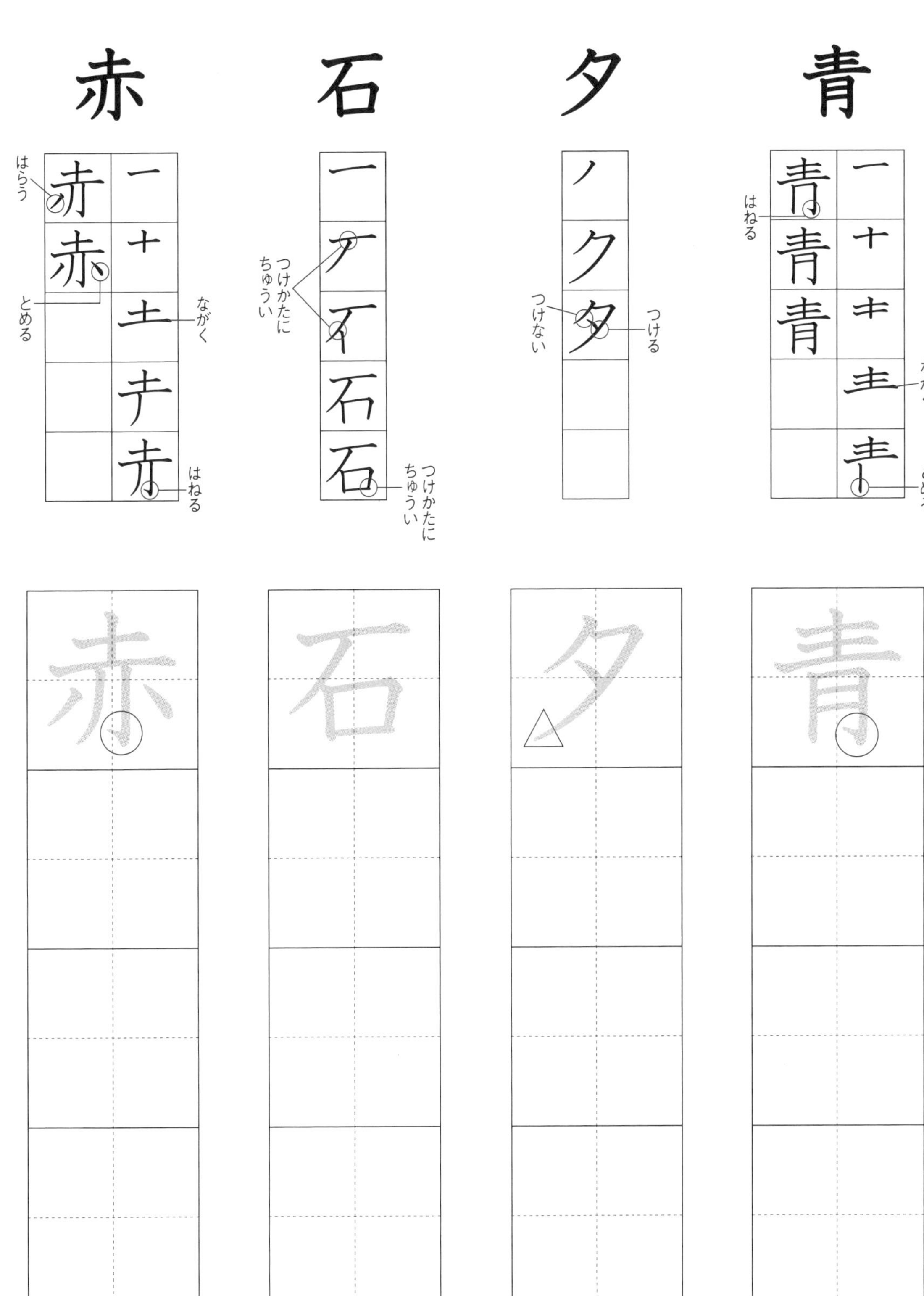

ステップ 13

▶▶▶▶ 漢字表は 98・99ページ

早　先　川　千

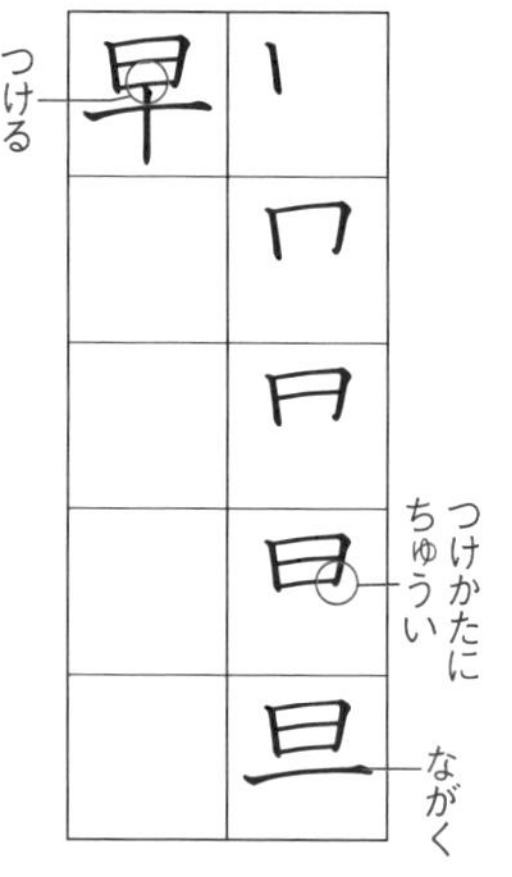

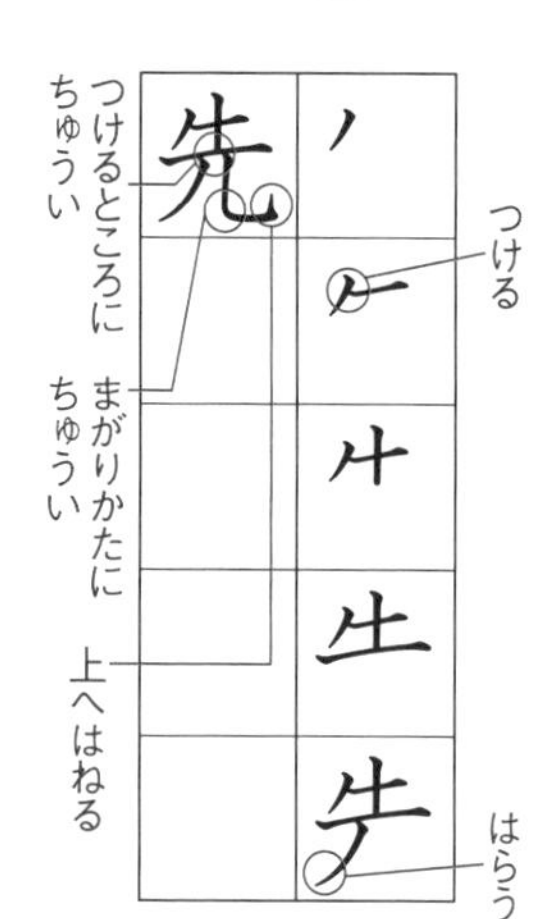

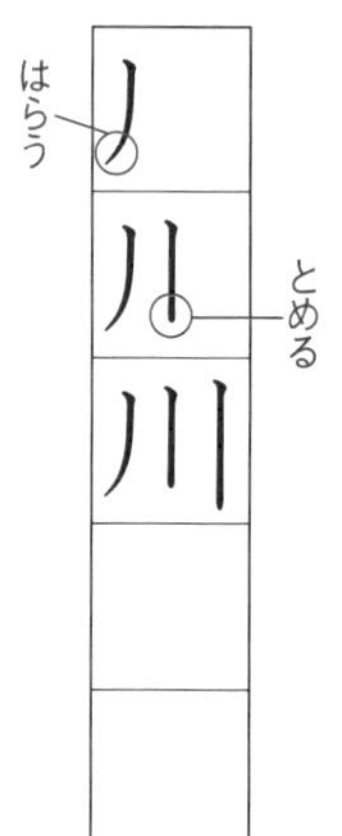

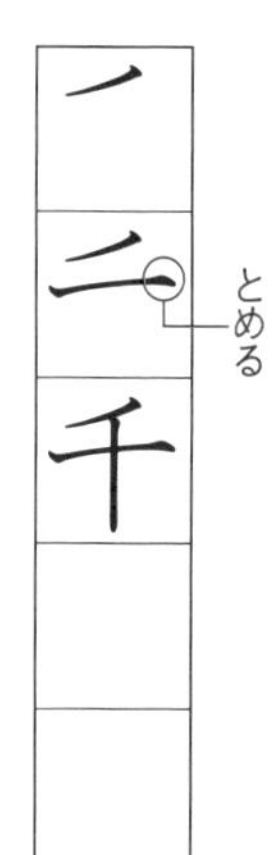

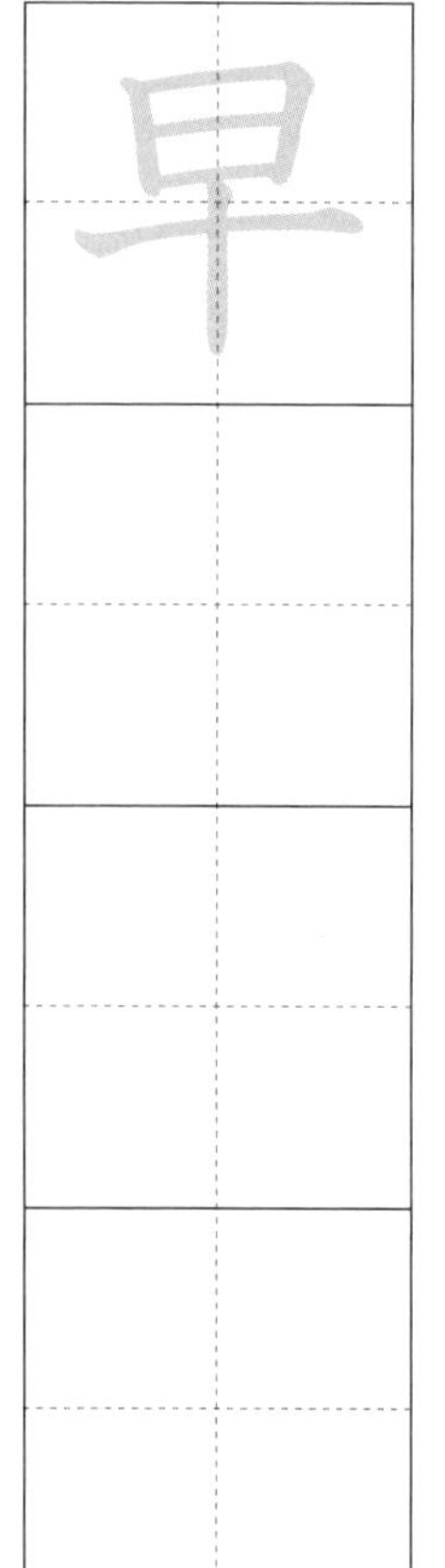

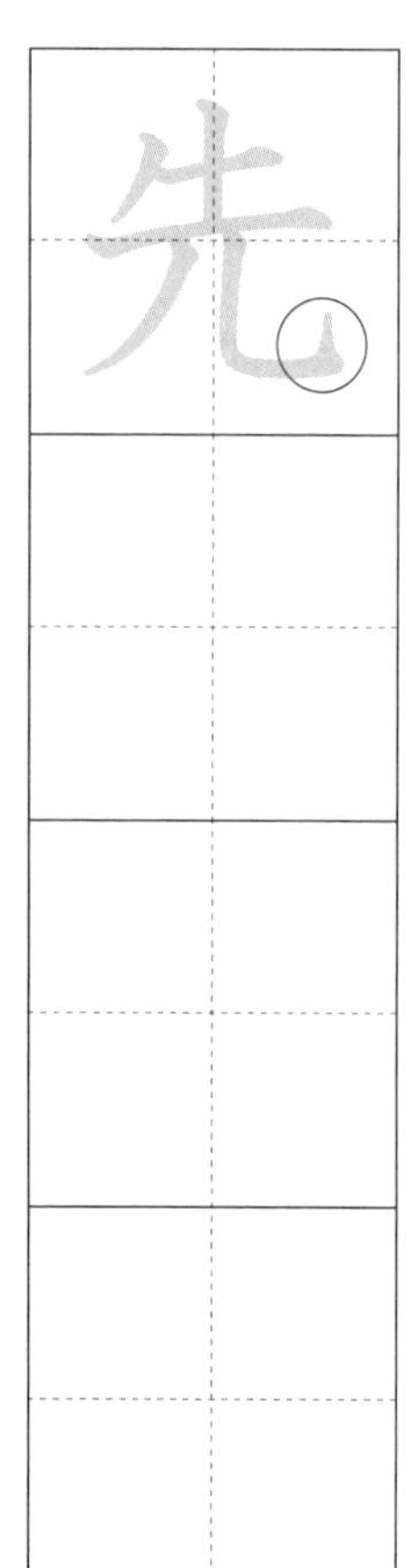

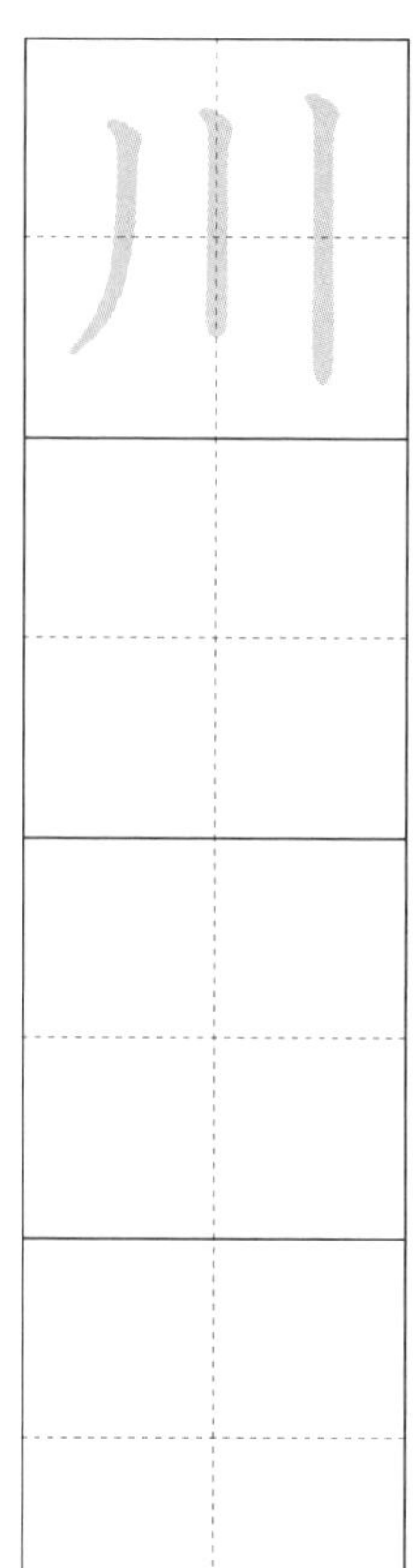

▶▶▶▶漢字表は102・103ページ

大　村　足　草

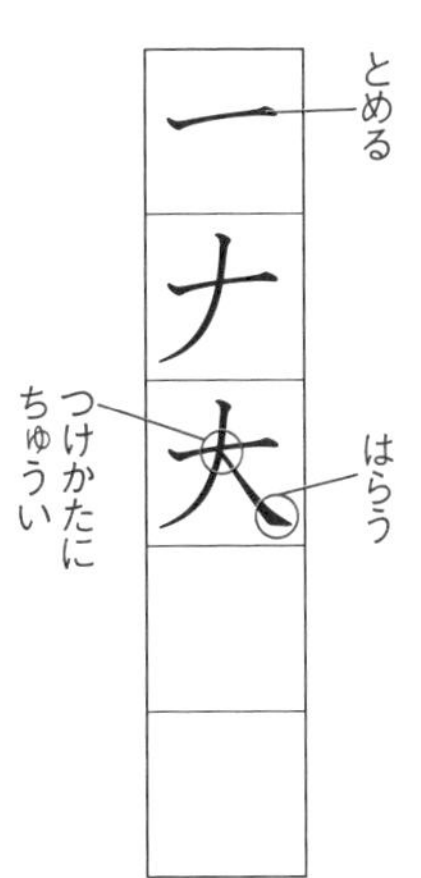

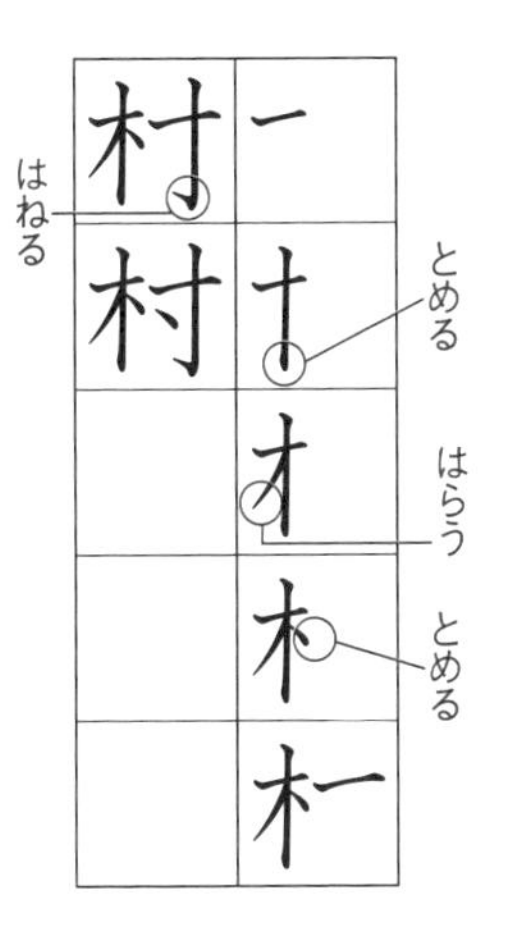

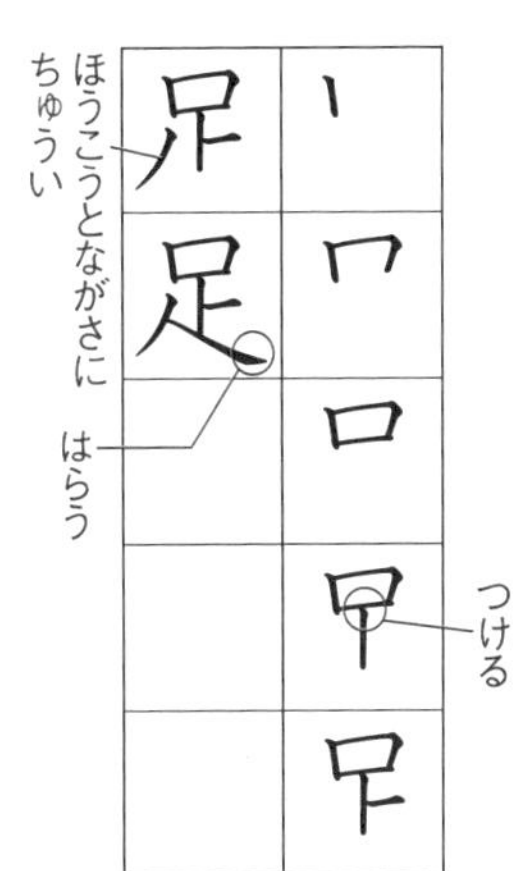

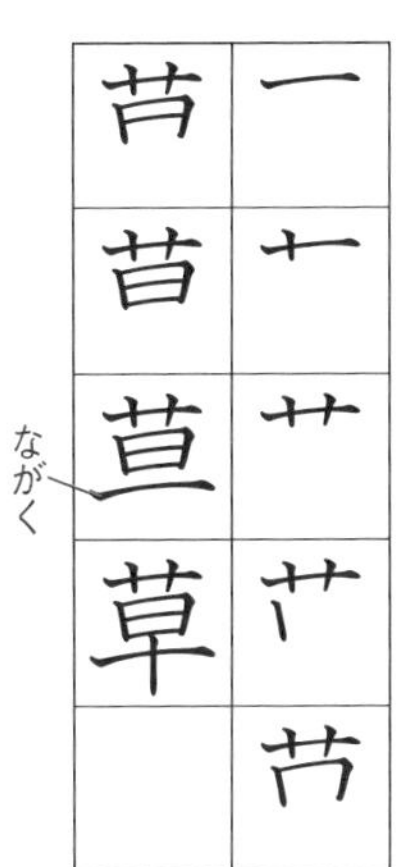

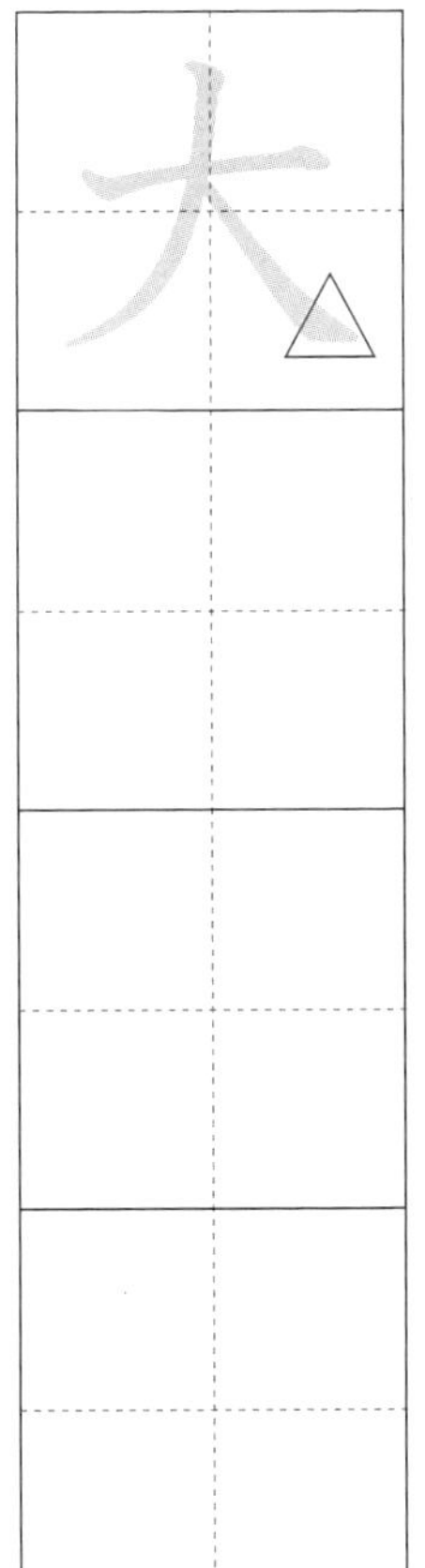

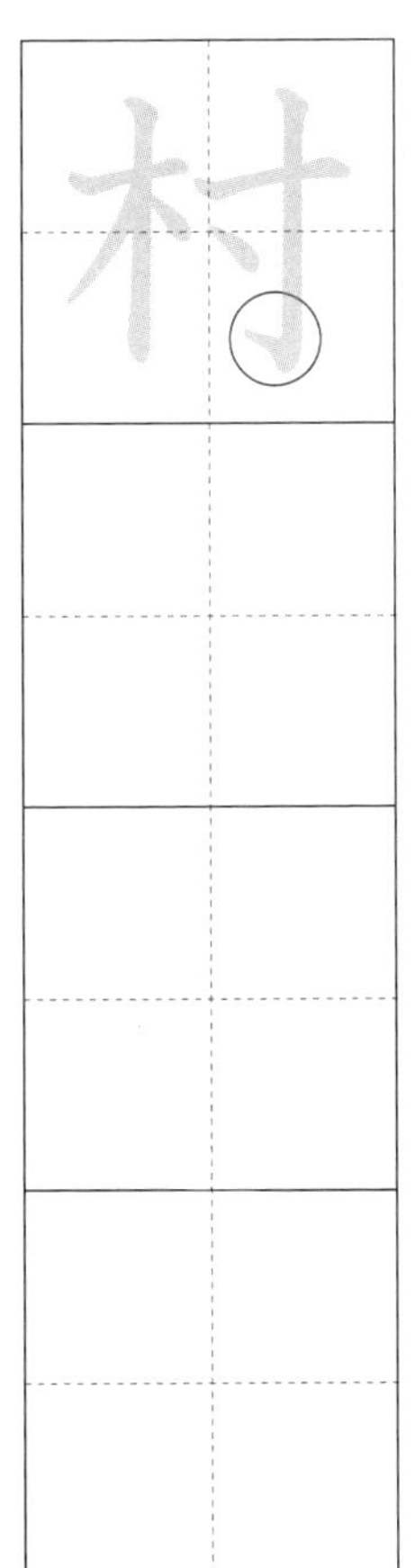

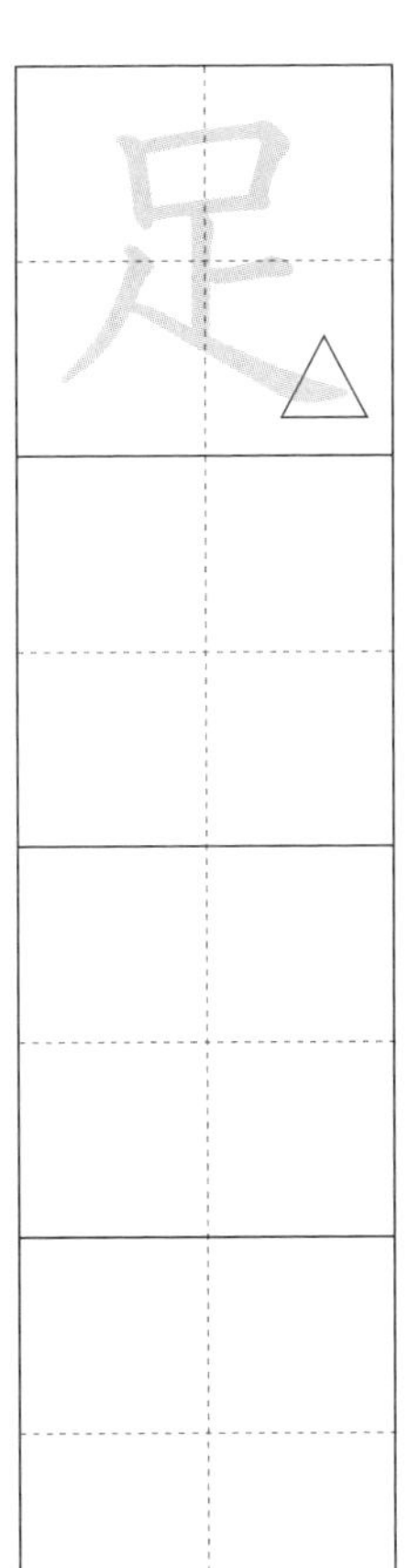

べんきょうした日　　月　　日

ステップ 15

漢字表は 106・107ページ

虫　中　竹　男

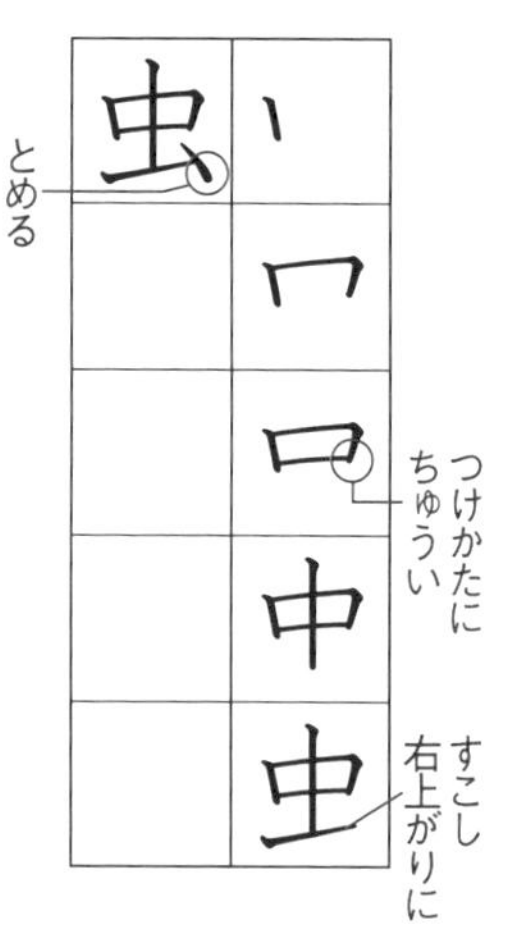

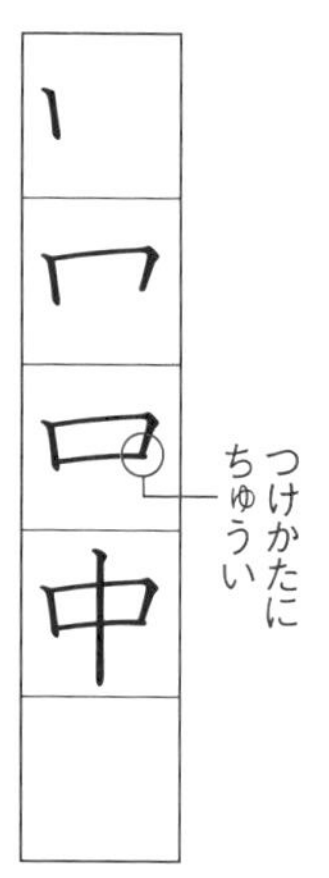

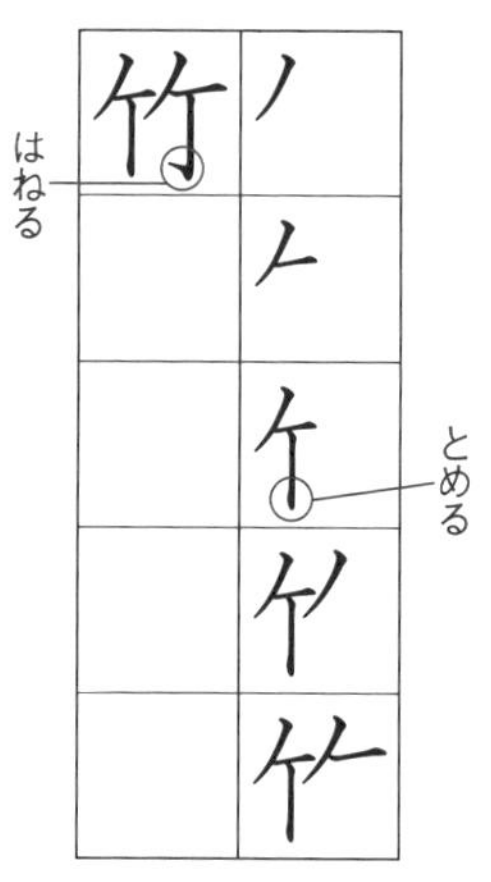

はねる
つけかたに ちゅうい

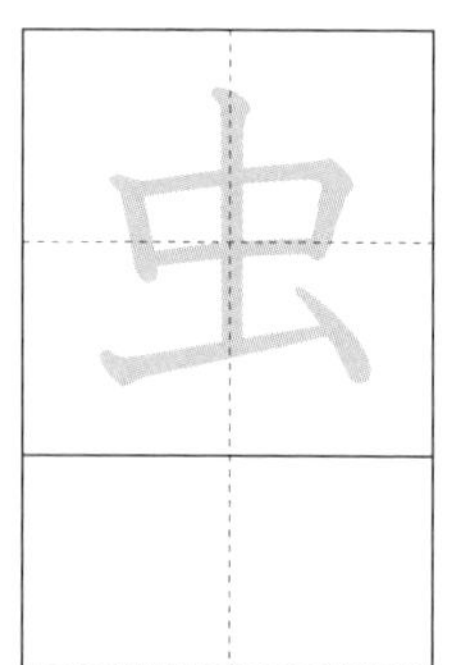

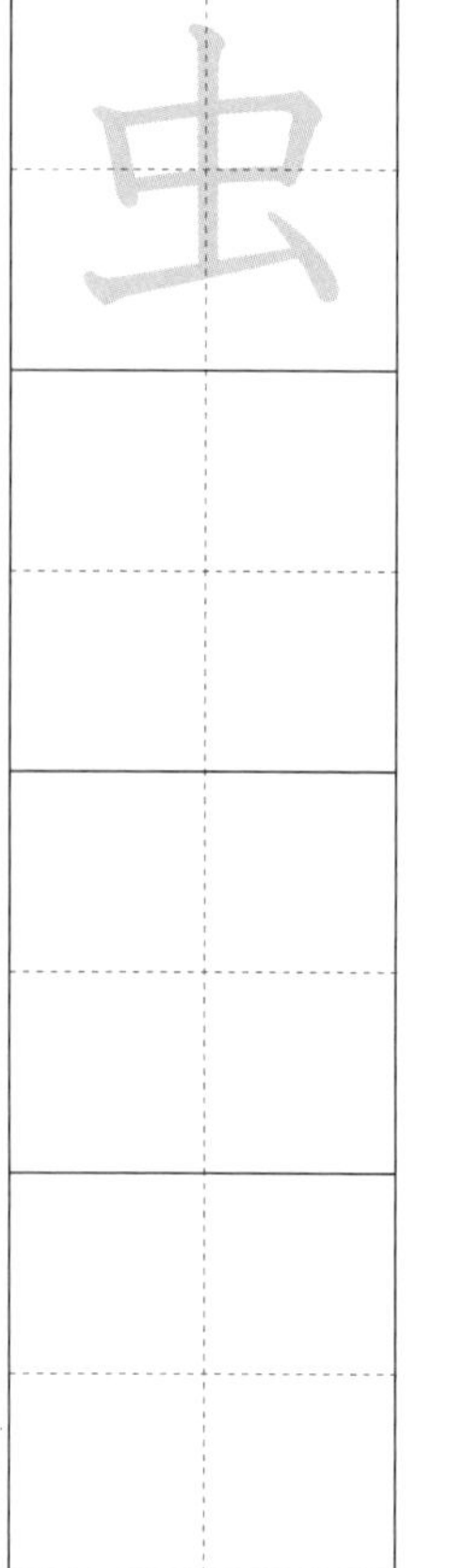

▶▶▶▶漢字表は114・115ページ

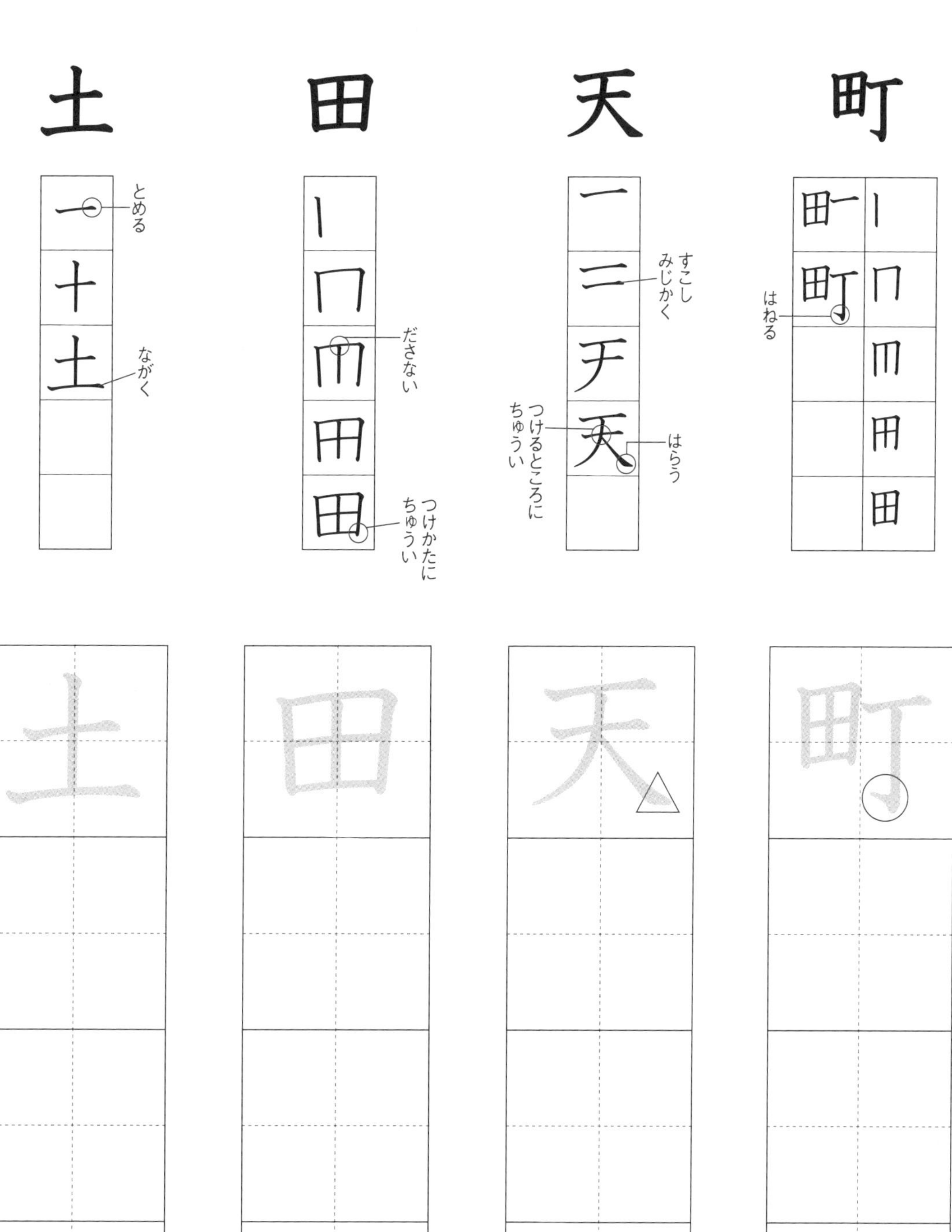

ステップ17

▶▶▶▶ 漢字表は 118・119ページ

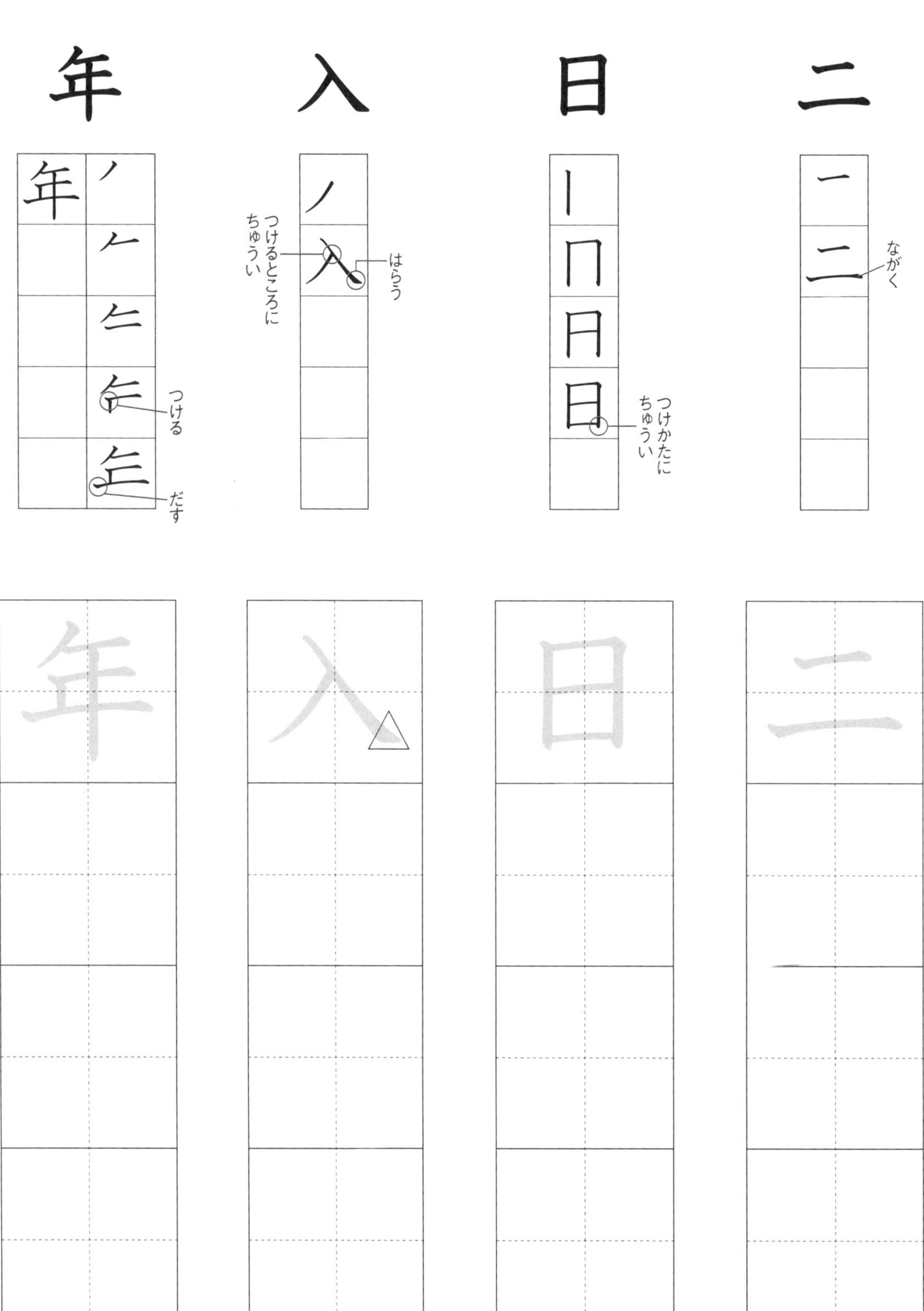

ステップ18

▶▶▶▶漢字表は 122・123ページ

文　百　八　白

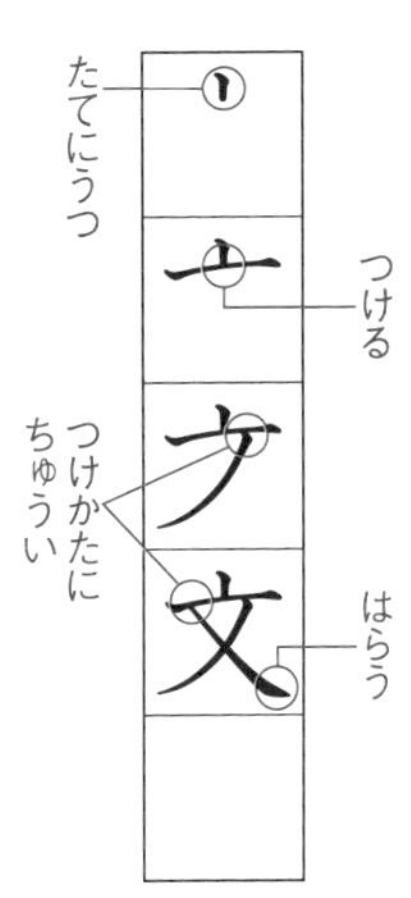

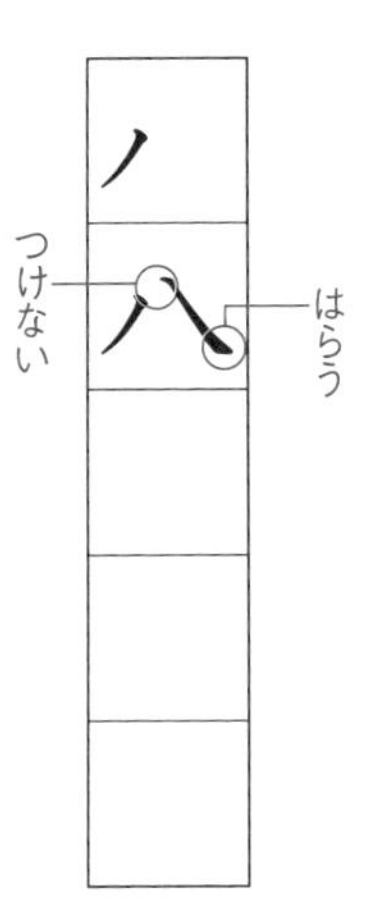

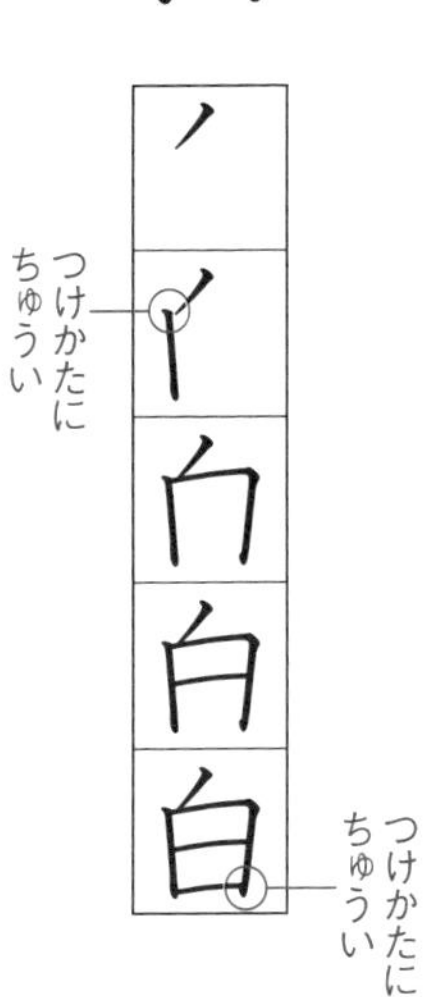

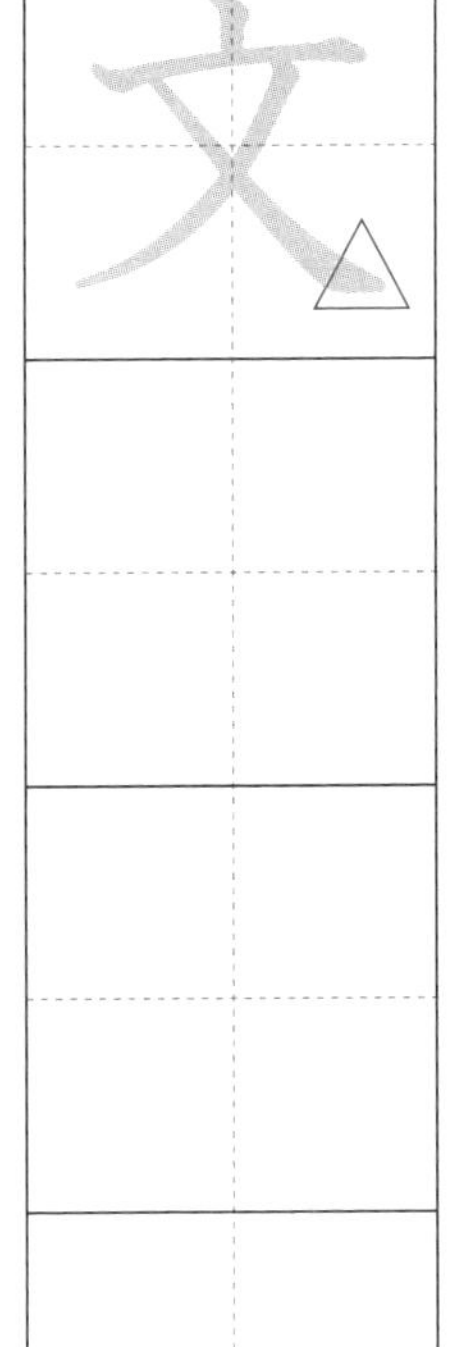
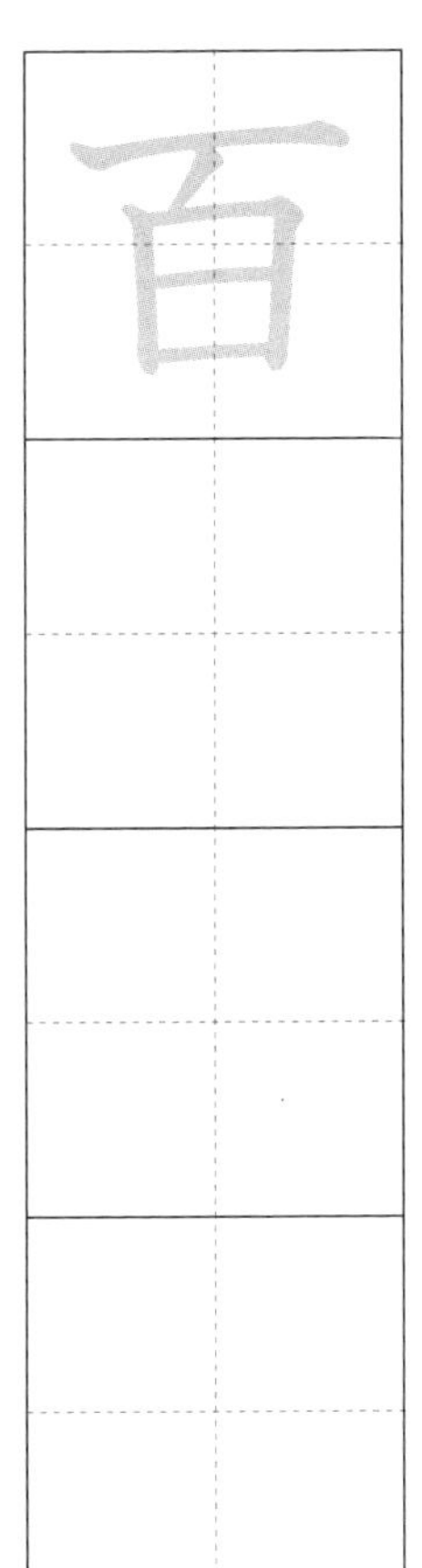
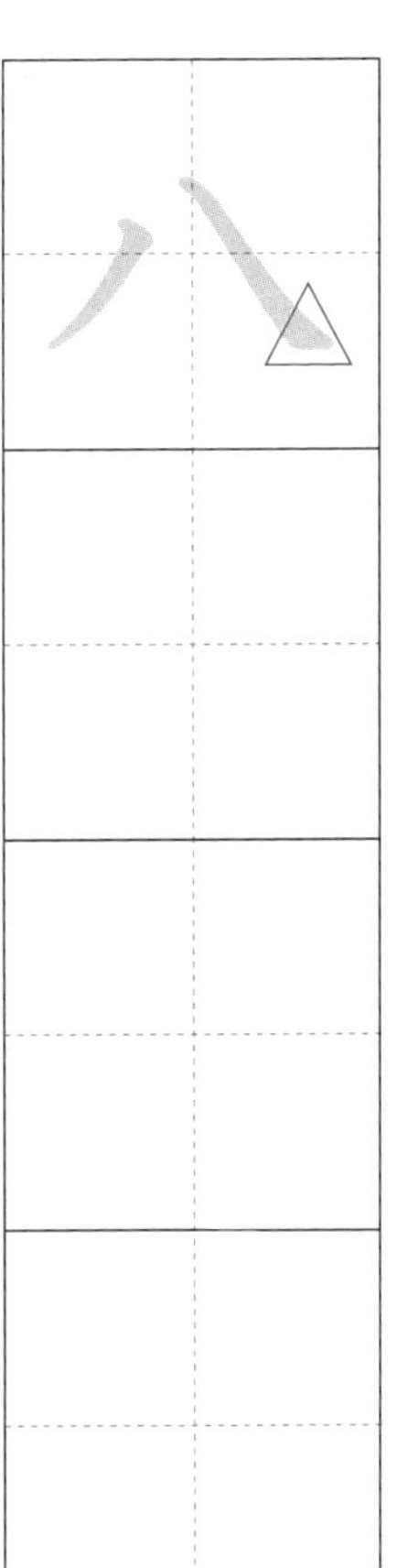

ステップ 19

漢字表は 126・127ページ

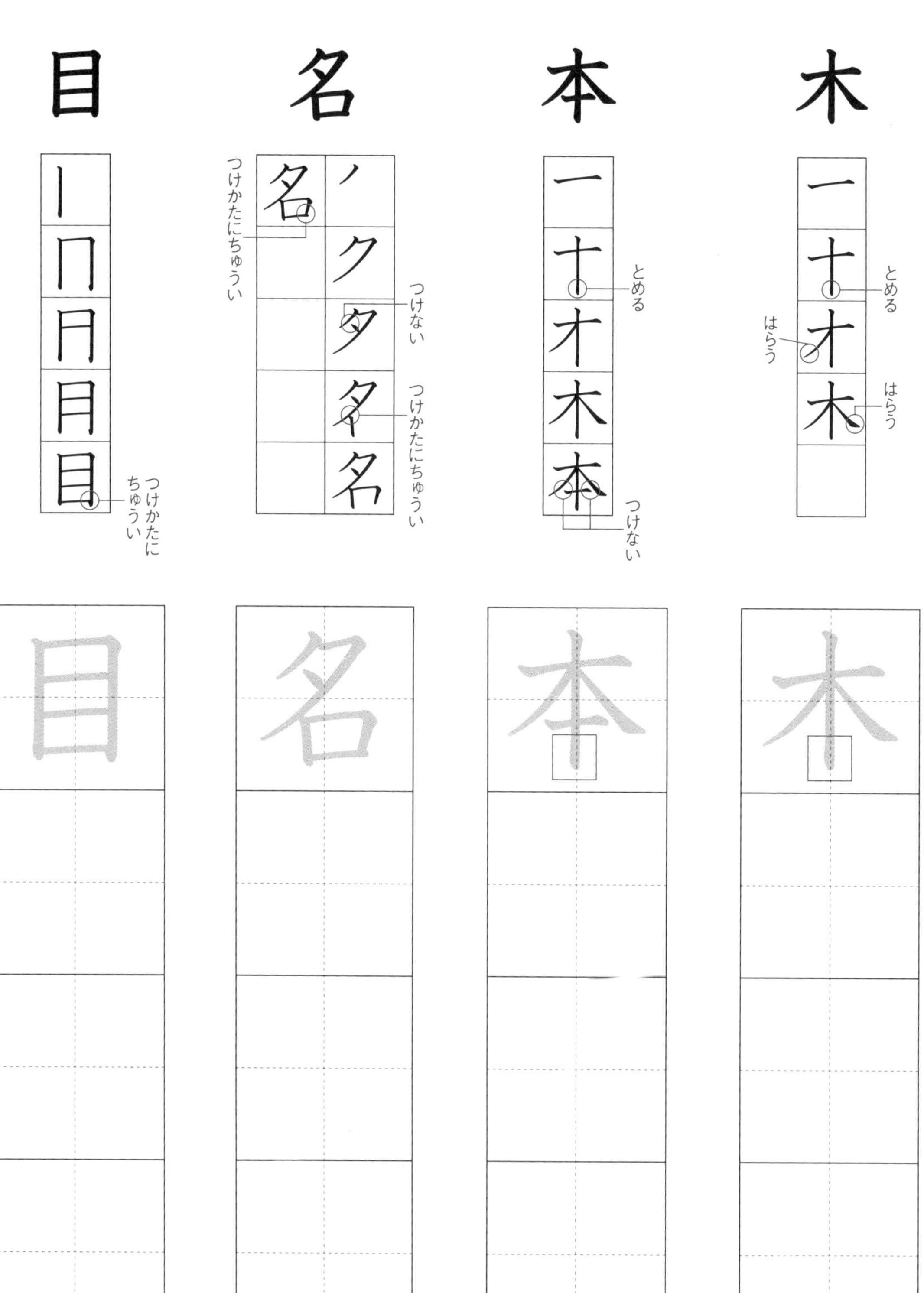

▶▶▶▶漢字表は 130・131ページ

六 林 力 立

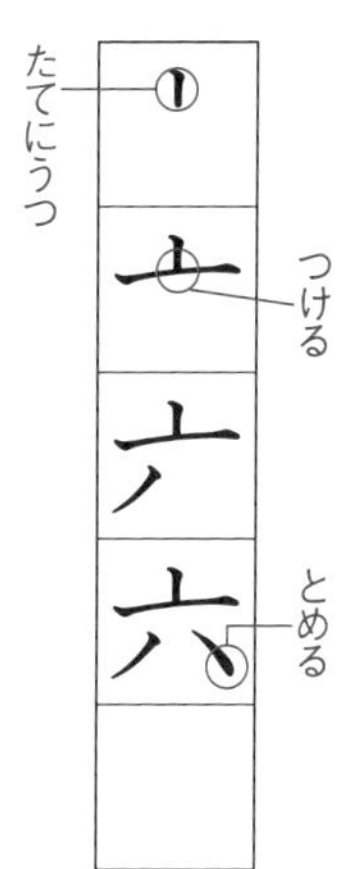

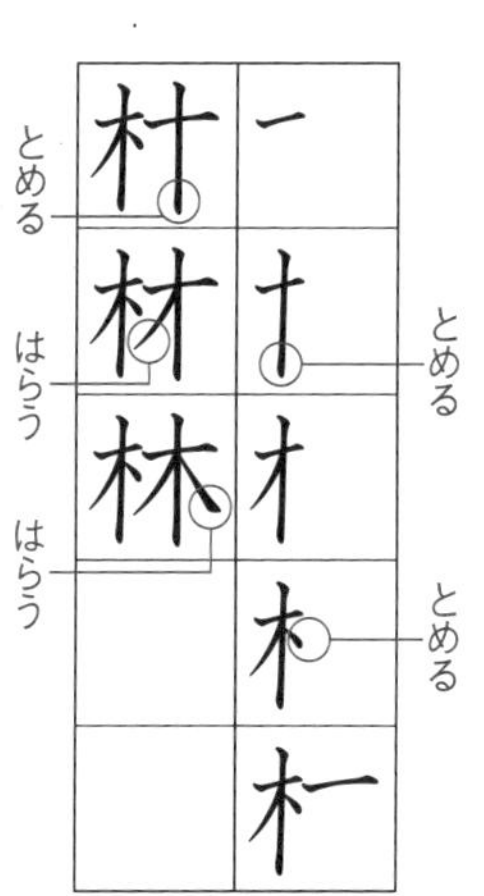

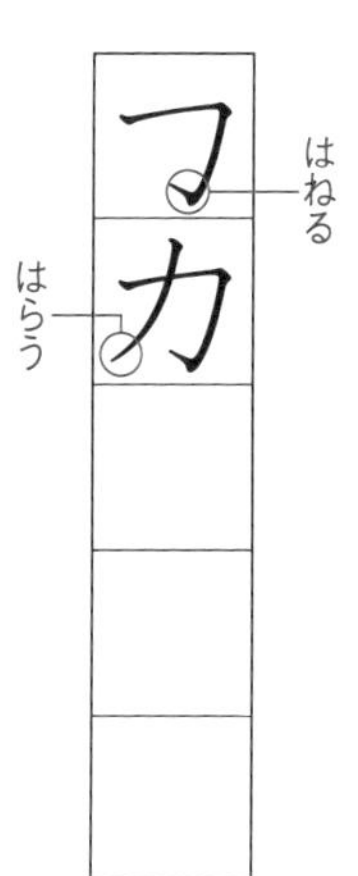

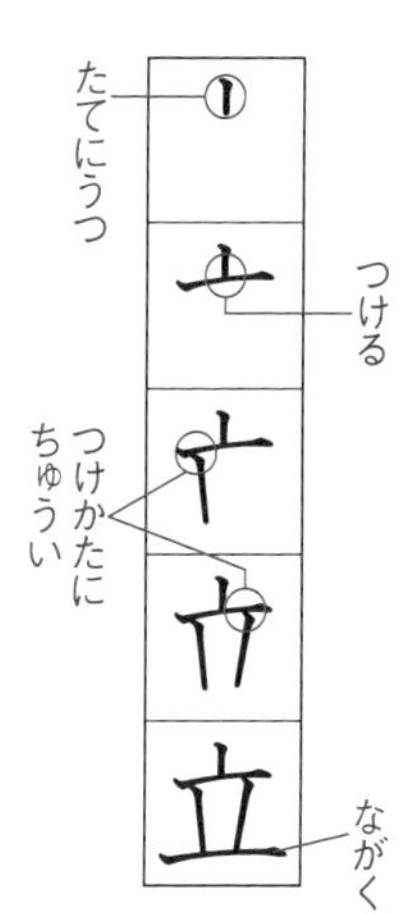

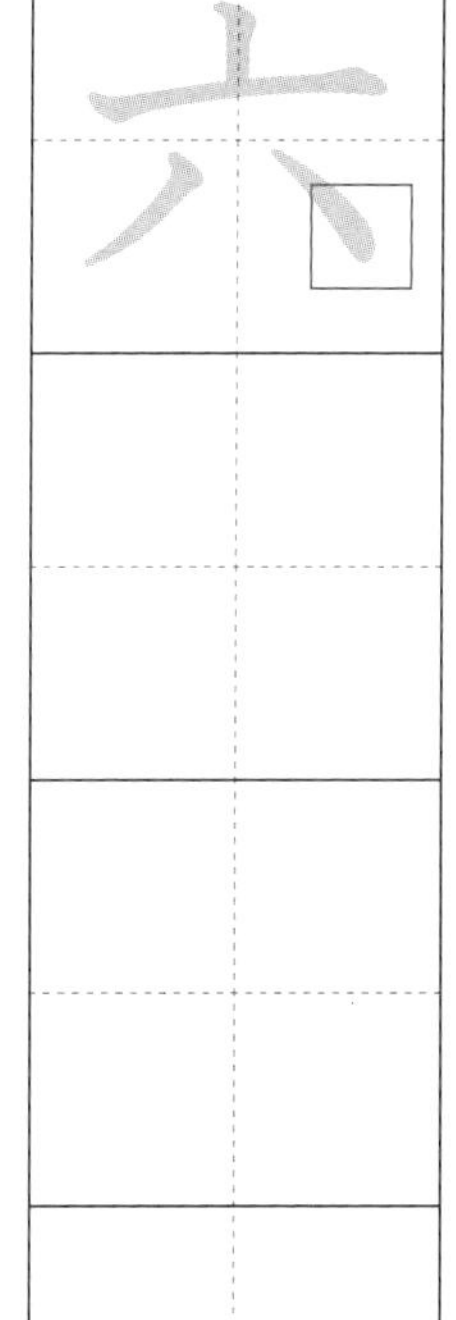

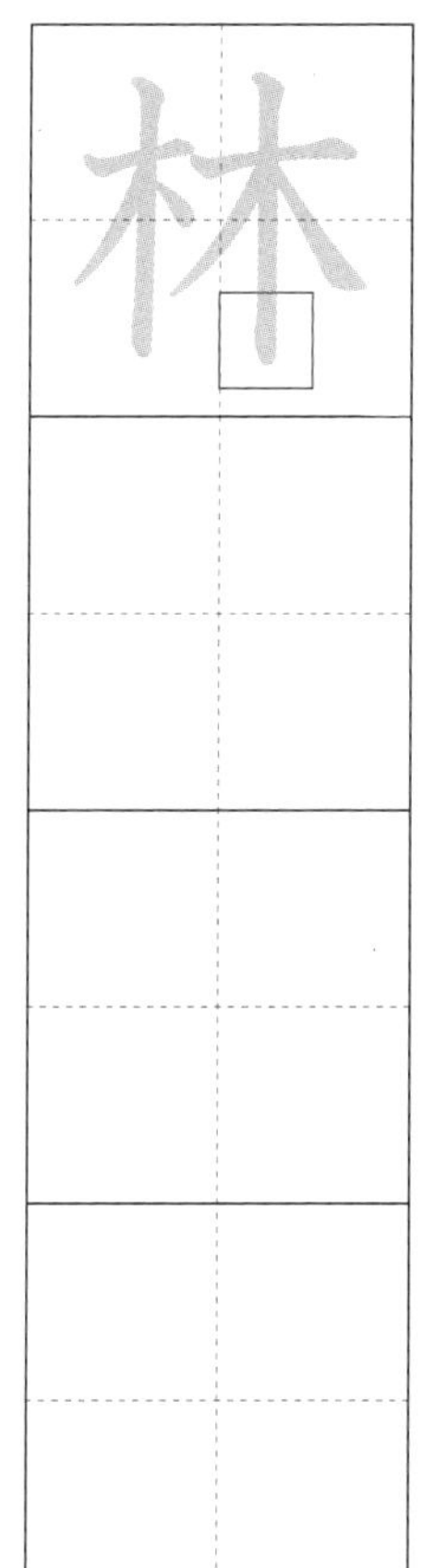

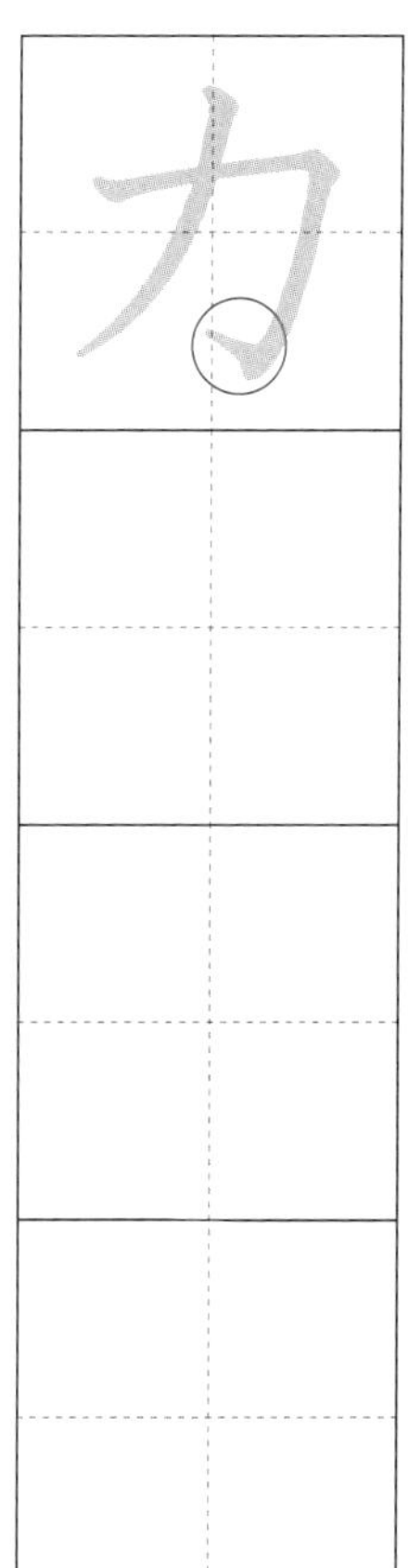

日本漢字能力検定審査基準

10級

程度　小学校第1学年の学習漢字を理解し、文や文章の中で使える。

領域・内容

《読むことと書くこと》　小学校学年別漢字配当表の第1学年の学習漢字を読み、書くことができる。

《筆順》　点画の長短、接し方や交わり方、筆順および総画数を理解している。

9級

程度　小学校第2学年までの学習漢字を理解し、文や文章の中で使える。

領域・内容

《読むことと書くこと》　小学校学年別漢字配当表の第2学年までの学習漢字を読み、書くことができる。

《筆順》　点画の長短、接し方や交わり方、筆順および総画数を理解している。

8級

程度　小学校第3学年までの学習漢字を理解し、文や文章の中で使える。

領域・内容

《読むことと書くこと》　小学校学年別漢字配当表の第3学年までの学習漢字を読み、書くことができる。

- 音読みと訓読みとを理解していること
- 送り仮名に注意して正しく書けること（食べる、楽しい、後ろ　など）
- 対義語の大体を理解していること（勝つ―負ける、重い―軽い　など）
- 同音異字を理解していること（反対、体育、期待、太陽　など）

《筆順》　筆順、総画数を正しく理解している。

《部首》　主な部首を理解している。

7級

程度　小学校第4学年までの学習漢字を理解し、文章の中で正しく使える。

領域・内容

《読むことと書くこと》　小学校学年別漢字配当表の第4学年までの学習漢字を読み、書くことができる。

- 音読みと訓読みとを正しく理解していること
- 送り仮名に注意して正しく書けること（等しい、短い、流れる　など）
- 熟語の構成を知っていること
- 対義語の大体を理解していること（入学―卒業、成功―失敗　など）
- 同音異字を理解していること（健康、高校、公共、外交　など）

《筆順》　筆順、総画数を正しく理解している。

《部首》　部首を理解している。

6級

程度　小学校第5学年までの学習漢字を理解し、文章の中で漢字が果たしている役割を知り、正しく使える。

領域・内容

《読むことと書くこと》　小学校学年別漢字配当表の第5学年までの学習漢字を読み、書くことができる。

・音読みと訓読みとを正しく理解していること
・送り仮名や仮名遣いに注意して正しく書けること（求める、失うなど）
・熟語の構成を知っていること（上下、絵画、大木、読書、不明　など）
・対義語、類義語の大体を理解していること（禁止―許可、平等―均等など）
・同音・同訓異字を正しく理解していること

《筆順》　筆順、総画数を正しく理解している。

《部首》　部首を理解している。

5級

程度　小学校第6学年までの学習漢字を理解し、文章の中で漢字が果たしている役割に対する知識を身に付け、漢字を文章の中で適切に使える。

領域・内容

《読むことと書くこと》　小学校学年別漢字配当表の第6学年までの学習漢字を読み、書くことができる。

・音読みと訓読みとを正しく理解していること
・送り仮名や仮名遣いに注意して正しく書けること
・熟語の構成を知っていること
・対義語、類義語を正しく理解していること
・同音・同訓異字を正しく理解していること

《四字熟語》　四字熟語を正しく理解している（有名無実、郷土芸能　など）。

《筆順》　筆順、総画数を正しく理解している。

《部首》　部首を理解し、識別できる。

4級

程度　常用漢字のうち約1300字を理解し、文章の中で適切に使える。

領域・内容

《読むことと書くこと》　小学校学年別漢字配当表のすべての漢字と、その他の常用漢字約300字の読み書きを習得し、文章の中で適切に使える。

・音読みと訓読みとを正しく理解していること
・送り仮名や仮名遣いに注意して正しく書けること
・熟語の構成を正しく理解していること
・熟字訓、当て字を理解していること（小豆／あずき、土産／みやげなど）
・対義語、類義語、同音・同訓異字を正しく理解していること

《四字熟語》　四字熟語を理解している。

《部首》　部首を識別し、漢字の構成と意味を理解している。

3級

程度　常用漢字のうち約1600字を理解し、文章の中で適切に使える。

領域・内容

《読むことと書くこと》　小学校学年別漢字配当表のすべての漢字と、その他の常用漢字約600字の読み書きを習得し、文章の中で適切に使える。

・音読みと訓読みとを正しく理解していること
・送り仮名や仮名遣いに注意して正しく書けること
・熟語の構成を正しく理解していること
・熟字訓、当て字を理解していること（乙女／おとめ、風邪／かぜ　など）
・対義語、類義語、同音・同訓異字を正しく理解していること

《四字熟語》　四字熟語を理解している。

《部首》　部首を識別し、漢字の構成と意味を理解している。

※常用漢字とは、平成22年（2010年）11月30日付内閣告示による「常用漢字表」に示された2136字をいう。

準2級

程度　常用漢字のうち1951字を理解し、文章の中で適切に使える。

領域・内容

《読むことと書くこと》　1951字の漢字の読み書きを習得し、文章の中で適切に使える。

- 音読みと訓読みとを正しく理解していること
- 送り仮名や仮名遣いに注意して正しく書けること
- 熟語の構成を正しく理解していること
- 熟字訓、当て字を理解していること（硫黄／いおう、相撲／すもう　など）
- 対義語、類義語、同音・同訓異字を正しく理解していること

《四字熟語》　典拠のある四字熟語を理解している（驚天動地、孤立無援　など）。

《部首》　部首を識別し、漢字の構成と意味を理解している。

※1951字とは、昭和56年（1981年）10月1日付内閣告示による旧「常用漢字表」の1945字から「勺」「錘」「銑」「脹」「匁」の5字を除いたものに、現行の「常用漢字表」のうち、「茨」「媛」「岡」「熊」「埼」「鹿」「栃」「奈」「梨」「阪」「阜」の11字を加えたものを指す。

2級

程度　すべての常用漢字を理解し、文章の中で適切に使える。

領域・内容

《読むことと書くこと》　すべての常用漢字の読み書きに習熟し、文章の中で適切に使える。

- 音読みと訓読みとを正しく理解していること
- 送り仮名や仮名遣いに注意して正しく書けること
- 熟語の構成を正しく理解していること
- 熟字訓、当て字を理解していること（海女／あま、玄人／くろうと　など）
- 対義語、類義語、同音・同訓異字などを正しく理解していること

《四字熟語》　典拠のある四字熟語を理解している（鶏口牛後、呉越同舟　など）。

《部首》　部首を識別し、漢字の構成と意味を理解している。

準1級

程度　常用漢字を含めて、約3000字の漢字の音・訓を理解し、文章の中で適切に使える。

領域・内容

《読むことと書くこと》　常用漢字の音・訓を含めて、約3000字の漢字の読み書きに慣れ、文章の中で適切に使える。

- 熟字訓、当て字を理解していること
- 対義語、類義語、同音・同訓異字などを理解していること
- 国字を理解していること（峠、凧、畠　など）
- 複数の漢字表記について理解していること（國―国、交叉―交差　など）

《四字熟語・故事・諺》　典拠のある四字熟語、故事成語・諺を正しく理解している。

《古典的文章》　古典的文章の中での漢字・漢語を理解している。

※約3000字の漢字は、JIS第一水準を目安とする。

1級

程度　常用漢字を含めて、約6000字の漢字の音・訓を理解し、文章の中で適切に使える。

領域・内容

《読むことと書くこと》　常用漢字の音・訓を含めて、約6000字の漢字の読み書きに慣れ、文章の中で適切に使える。

- 熟字訓、当て字を理解していること
- 対義語、類義語、同音・同訓異字などを理解していること
- 国字を理解していること（怺える、毟る　など）
- 地名・国名などの漢字表記（当て字の一種）を知っていること
- 複数の漢字表記について理解していること（鹽―塩、颱風―台風　など）

《四字熟語・故事・諺》　典拠のある四字熟語、故事成語・諺を正しく理解している。

《古典的文章》　古典的文章の中での漢字・漢語を理解している。

※約6000字の漢字は、JIS第一・第二水準を目安とする。

※常用漢字とは、平成22年（2010年）11月30日付内閣告示による「常用漢字表」に示された2136字をいう。

個人受検を申し込まれる皆さまへ

協会ホームページのご案内

検定に関する最新の情報（申込方法やお支払い方法など）は、公益財団法人　日本漢字能力検定協会**ホームページ https://www.kanken.or.jp/** をご確認ください。

なお、下記の二次元コードから、ホームページへ簡単にアクセスできます。

受検規約について

受検を申し込まれる皆さまは、「日本漢字能力検定　受検規約（漢検PBT）」の適用があることを同意のうえ、検定の申し込みをしてください。受検規約は協会のホームページでご確認いただけます。

1 受検級を決める

受検資格　制限はありません

実 施 級　1、準1、2、準2、3、4、5、6、7、8、9、10級

検定会場　全国主要都市約170か所に設置（実施地区は検定の回ごとに決定）

検定時間　ホームページにてご確認ください。

2 検定に申し込む

インターネットにてお申し込みください。

① 家族・友人と同じ会場での受検を希望する方は、検定料のお支払い完了後、申込締切日の2営業日後までに協会（お問い合わせフォーム）までお知らせください。

注意

② 障がいがあるなど、身体的・精神的な理由により、受検上の配慮を希望される方は、申込締切日までに協会（お問い合わせフォーム）までご相談ください（申込締切日以降のお申し出には対応できかねます）。

③ 申込締切日以降は、受検級・受検地を含む内容変更および取り消し・返金は、いかなる場合もできません。また、次回以降の振替え、団体受検や漢検CBTへの変更もできません。

団体受検の申し込み

自分の学校や企業などの団体で志願者が一定以上集まると、団体単位で受検の申し込みができる「団体受検」という制度もあります。団体受検申込を扱っているかどうかは先生や人事関係の担当者に確認してください。

3 受検票が届く

受検票は検定日の約1週間前から順次お届けします。

注意

① 1、準1、2、準2級の方は、後日届く受検票に顔写真（タテ4㎝×ヨコ3㎝、6か月以内に撮影、上半身無帽、正面）を貼り付け、会場に当日持参してください。（当日回収・返却不可）

② 3級～10級の方は顔写真は不要です。

4 検定日当日

持ち物　受検票、鉛筆（HB、B、2Bの鉛筆またはシャープペンシル）、消しゴム

※ボールペン、万年筆などの使用は認められません。ルーペ持ち込み可。

注意

①会場への車での来場（送迎を含む）は、交通渋滞の原因や近隣の迷惑になりますので固くお断りします。

②検定開始時刻の15分前を目安に受検教室までお越しください。答案用紙の記入方法などを説明します。

③携帯電話やゲーム、電子辞書などは、電源を切り、かばんにしまってから入場してください。

④検定中は受検票を机の上に置いてください。

⑤答案用紙には、あらかじめ名前や生年月日などが印字されています。

⑥検定日の約5日後に漢検ホームページにて標準解答を公開します。

5 合否の通知

検定日の約40日後に、受検者全員に「検定結果通知」を郵送します。合格者には「合格証書」・「合格証明書」を同封します。欠席者には検定問題と標準解答をお送りします。

受検票は検定結果が届くまで大切に保管してください。

進学・就職に有利！ 合格者全員に合格証明書発行

大学・短大の推薦入試の提出書類に、また就職の際の履歴書に添付してあなたの漢字能力をアピールしてください。合格者全員に、合格証書と共に合格証明書を2枚、無償でお届けいたします。

合格証明書が追加で必要な場合は有償で再発行できます。

申請方法はホームページにてご確認ください。

お問い合わせ窓口

電話番号　フリーコール **0120-509-315**（無料）

（海外からはご利用いただけません。ホームページよりメールでお問い合わせください。）

お問い合わせ時間　月～金　9時00分～17時00分

（祝日・お盆・年末年始を除く）

※公開会場検定日とその前日の土曜は開設

※検定日は9時00分～18時00分

メールフォーム　https://www.kanken.or.jp/kanken/contact/

「漢検」受検の際の注意点

【字の書き方】

問題の答えは楷書で大きくはっきり書きなさい。乱雑な字や続け字、また、行書体や草書体のようにくずした字は採点の対象とはしません。

特に漢字の書き取り問題では、答えの文字は教科書体をもとにして、はねるところ、とめるところなどもはっきり書きましょう。また、画数に注意して、一画一画を正しく、明確に書きなさい。

《例》

○熱　×[illegible]

○言　×[illegible]

○糸　×[illegible]

【字種・字体について】

(1)日本漢字能力検定2～10級においては、「常用漢字表」に示された字種で書きなさい。つまり、表外漢字（常用漢字表にない漢字）を用いると、正答とは認められません。

《例》

○交差点　×交叉点　（「叉」が表外漢字）

○寂しい　×淋しい　（「淋」が表外漢字）

(2)日本漢字能力検定2～10級においては、「常用漢字表」に示された字体で書きなさい。なお、「常用漢字表」に参考として示されている康熙（こうき）字典体など、旧字体と呼ばれているものを用いると、正答とは認められません。

《例》

○真　×眞

○涉　×涉

○飲　×飮

○迫　×迫

○弱　×弱

(3)一部例外として、平成22年告示「常用漢字表」で追加された字種で、許容字体として認められているものや、その筆写文字と印刷文字との差が習慣の相違に基づくとみなせるものは正答と認めます。

《例》

餌 ⬇ 餌　と書いても可

遜 ⬇ 遜　と書いても可

葛 ⬇ 葛　と書いても可

溺 ⬇ 溺　と書いても可

箸 ⬇ 箸　と書いても可

注意

(3)において、どの漢字が当てはまるかなど、一字一字については、当協会発行図書（2級対応のもの）掲載の漢字表で確認してください。

公益財団法人 日本漢字能力検定協会

改訂二版

漢検

ワイド版

漢検 漢字学習 ステップ 10級

漢検 公益財団法人 日本漢字能力検定協会

もくじ

この本のつかいかた …… 4
ひらがなひょう・カタカナひょう …… 8

ひらがな編

ひらがな編 もくじ …… 9
ステップ1 …… 10
ステップ2 …… 14
ステップ3 …… 18
ステップ4 …… 22
ステップ5 …… 26
ステップ6 …… 30
ステップ7 …… 34
なるほどものしりコーナー1 …… 38

漢字編

この本で学習する漢字80字 …… 40
ステップ1 …… 42
ステップ2 …… 46
ステップ3 …… 50
ステップ4 …… 54
ステップ5 …… 58
力だめし1 …… 62
ひとやすみ クイズで あそぼ！1 …… 64

ステップ 6 …… 66
ステップ 7 …… 70
ステップ 8 …… 74
ステップ 9 …… 78
ステップ 10 …… 82
力だめし 2 …… 86
ひとやすみ クイズで あそぼ！ 2 …… 88
ステップ 11 …… 90
ステップ 12 …… 94
ステップ 13 …… 98
ステップ 14 …… 102
ステップ 15 …… 106
力だめし 3 …… 110
ひとやすみ クイズで あそぼ！ 3 …… 112
なるほど ものしり コーナー 2 …… 113
ステップ 16 …… 114
ステップ 17 …… 118
ステップ 18 …… 122
ステップ 19 …… 126
ステップ 20 …… 130
力だめし 4 …… 134
ひとやすみ クイズで あそぼ！ 4 …… 136
なるほど ものしり コーナー 3 …… 137
まとめテスト …… 138

●別冊（べっさつ）／漢字（かんじ）れんしゅうノート
●別冊／答（こた）え

この本のつかいかた

この本は 80字の 漢字（小学校1年生で ならう 漢字）を 中心に、たのしく 学べるように なって います。漢字の 力を つけ、日本漢字能力検定（漢検）10級の ごうかくを めざして ください。

ひらがな編

たのしい えを 見ながら

ひらがな・カタカナを 書く れんしゅうを しよう

漢字編

1 漢字表

2 れんしゅう

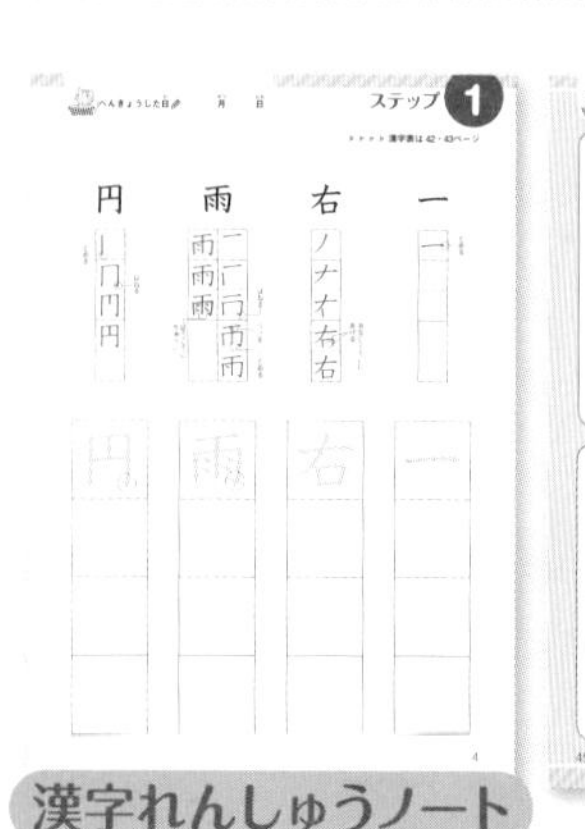

漢字れんしゅうノート

れんしゅうもんだい

3 力だめし

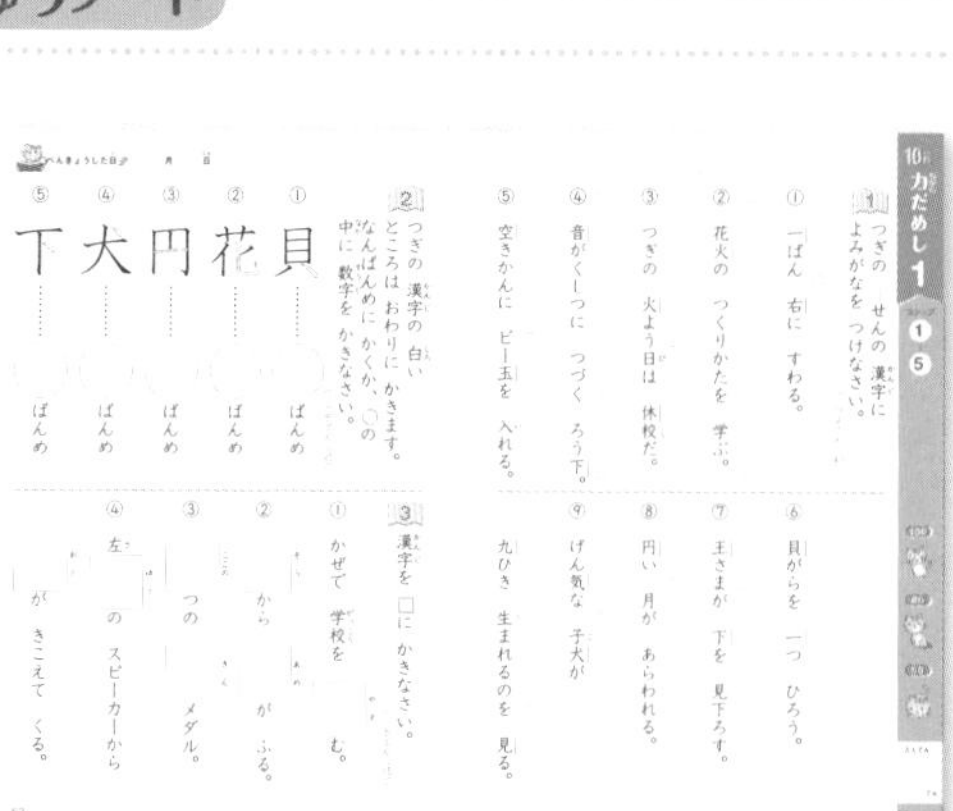

1 漢字表

新しく 学ぶ 漢字

1ステップに 4字ずつ、五十音じゅん（アイウエオ・・・じゅん）に ならんで います。

出
5画
シュツ
スイ㊥
で(る)
だ(す)
ぶしゅ
凵
ぶしゅめい
うけばこ

●よみ

カタカナは 音よみ
ひらがなは 訓よみ
（ ）の 中は、おくりがな

●中学校よみ・高校よみ

㊥…中学校で ならう よみかたで、4級以上で 出題対象と なります。

㊫…高校で ならう よみかたで、準2級以上で 出題対象と なります。

●漢字の 画数

漢字は、点や 線の くみあわせで できて います。この 点や 線を 画と いいます。この 漢字が 何画で 書かれて いるかを しめして います。

●ぶしゅ・ぶしゅめい

ぶしゅは 漢字の ぶんるい（なかまわけ）
ぶしゅめいは その 名まえ

ことばと つかいかた

ここに あげた ものの ほかにも、いろいろな ことばと つかいかたが あります。

◎上の 級の よみかた

中学校 または 高校で ならう よみかた

▲上の 級（9／8／7級など）の 漢字

★とくべつな よみかた

じゅくご（漢字が 二つ以上 くみあわされて、いみを もつ 一つの ことばに なったもの）の 中には、ことばとして よむ とき、「下手」のように、とくべつな よみかたを する ものが あります。

漢字れんしゅうノート

漢字を 書いて みましょう。

漢字は、ステップの じゅんばん どおりに、れんしゅうできるように なって います。

＊ととのった 漢字を 書くために ちゅういすると よい こと

見本を みながら 漢字を 書いて みましょう。

2 れんしゅうもんだい

もんだいを といて みましょう。

答えは、べっさつ(本から とりはずせます)に まとめました。本の さいごに ついて います。

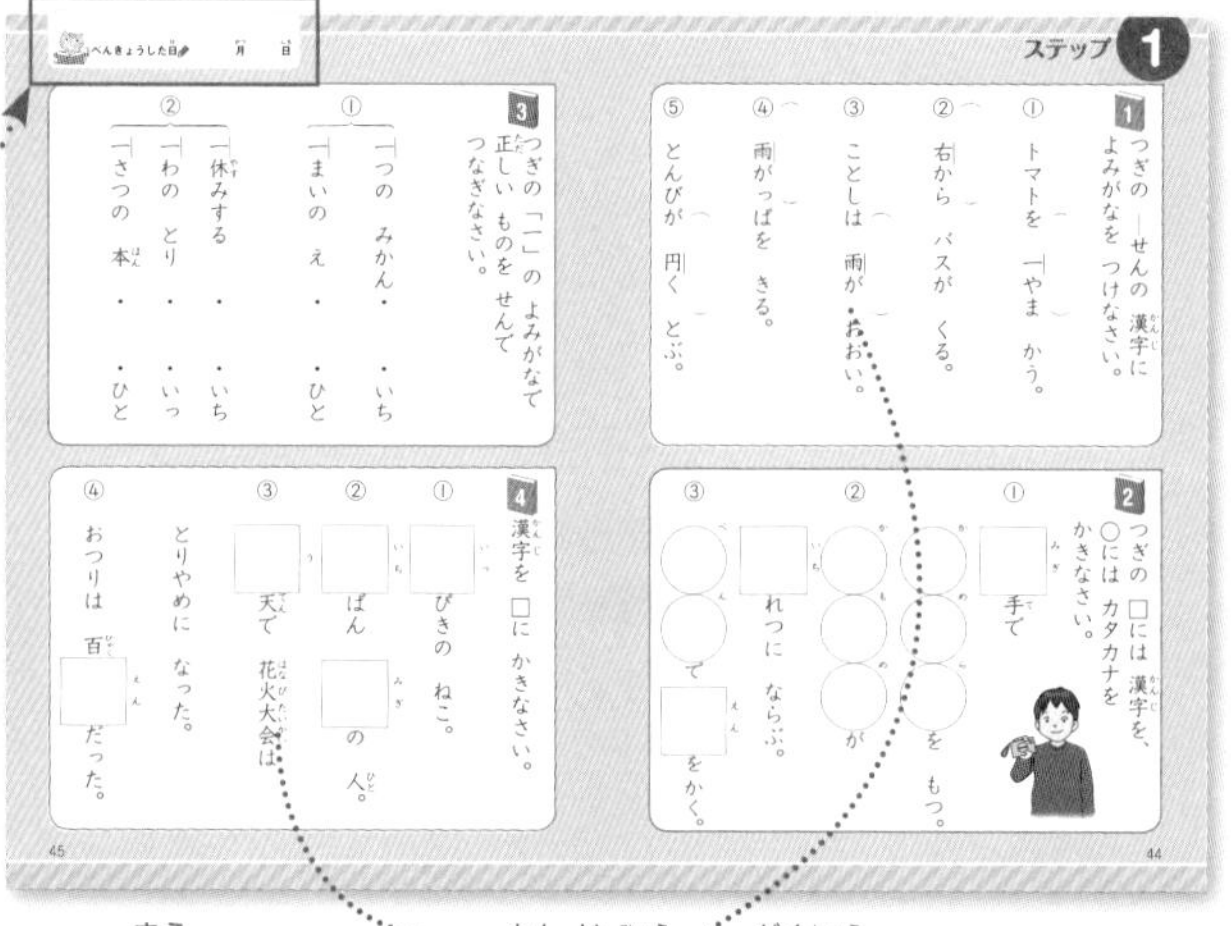
ステップ 1

1 つぎの —せんの 漢字に よみがなを つけなさい。
① トマトを 一やま かう。
② 右から バスが くる。
③ ことしは 雨が おおい。
④ 雨がっぱを きる。
⑤ とんびが 円く とぶ。

2 つぎの □には 漢字を、○には カタカナを かきなさい。

3 つぎの「一」の よみがなで 正しい ものを せんで つなぎなさい。
① 一つの みかん・ ・いち
一まいの え・ ・ひと
② 一休みする・ ・いち
一わの とり・ ・いっ
一さつの 本・ ・ひと

4 漢字を □に かきなさい。
① □びきの ねこ。
② □ばん □の 人。
③ □天で 花火大会は とりやめに なった。
④ おつりは 百□ だった。

べんきょうした 日を 書きこみましょう。

＊前の ページの 漢字表で 学習した 漢字が たくさん 出て います。

＊答えには、かいせつ「ステップアップメモ」も ついて います。

なくさないように ちゅういしましょう。

3 力（ちから）だめし・まとめテスト

力を ためして みましょう。
ステップ5回分（かいぶん）が おわったら、力だめしに チャレンジ。
さいごは、まとめテストに チャレンジしましょう。

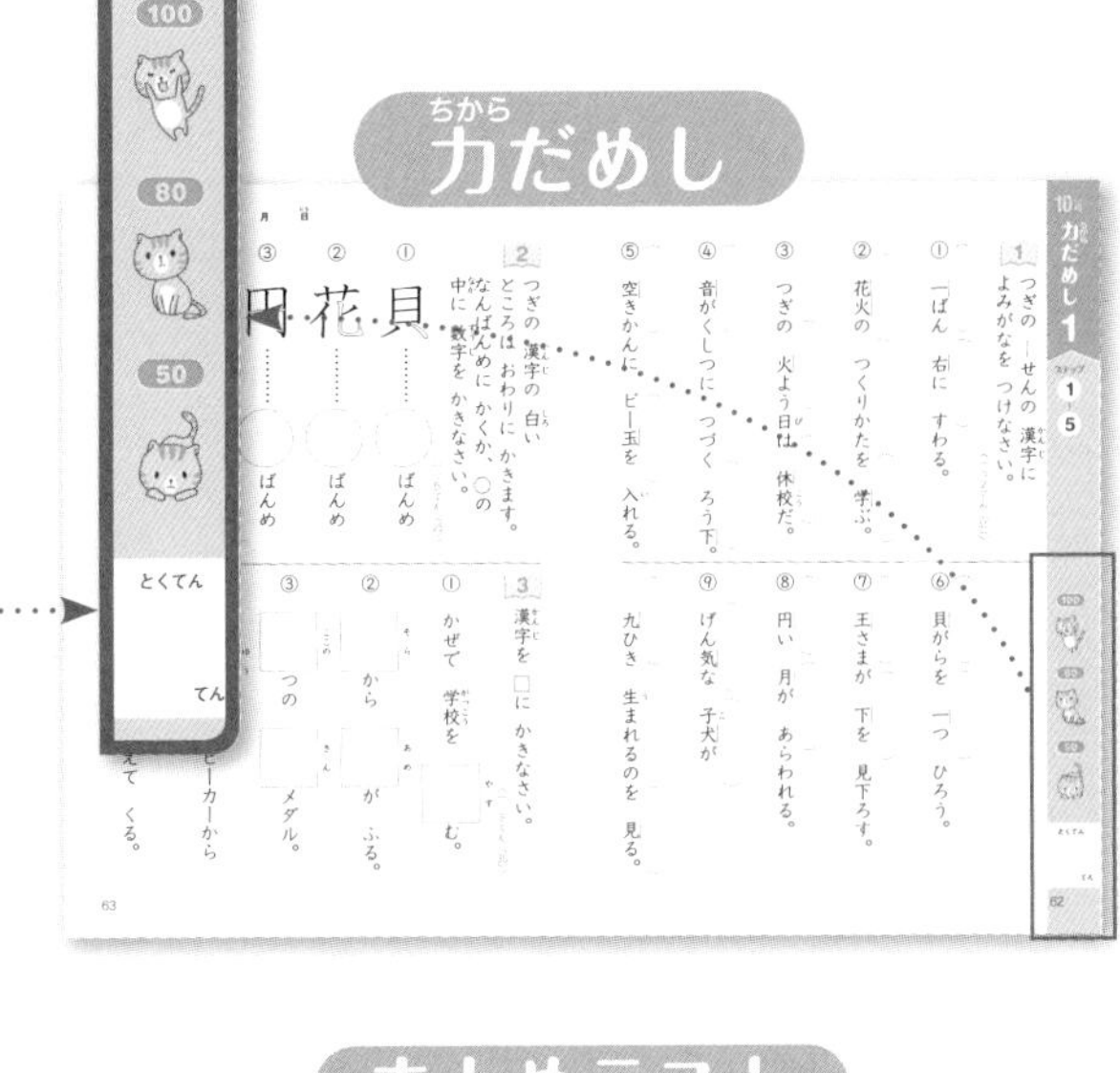

答（こた）えあわせを したら、とくてんを 書（か）きこみましょう。

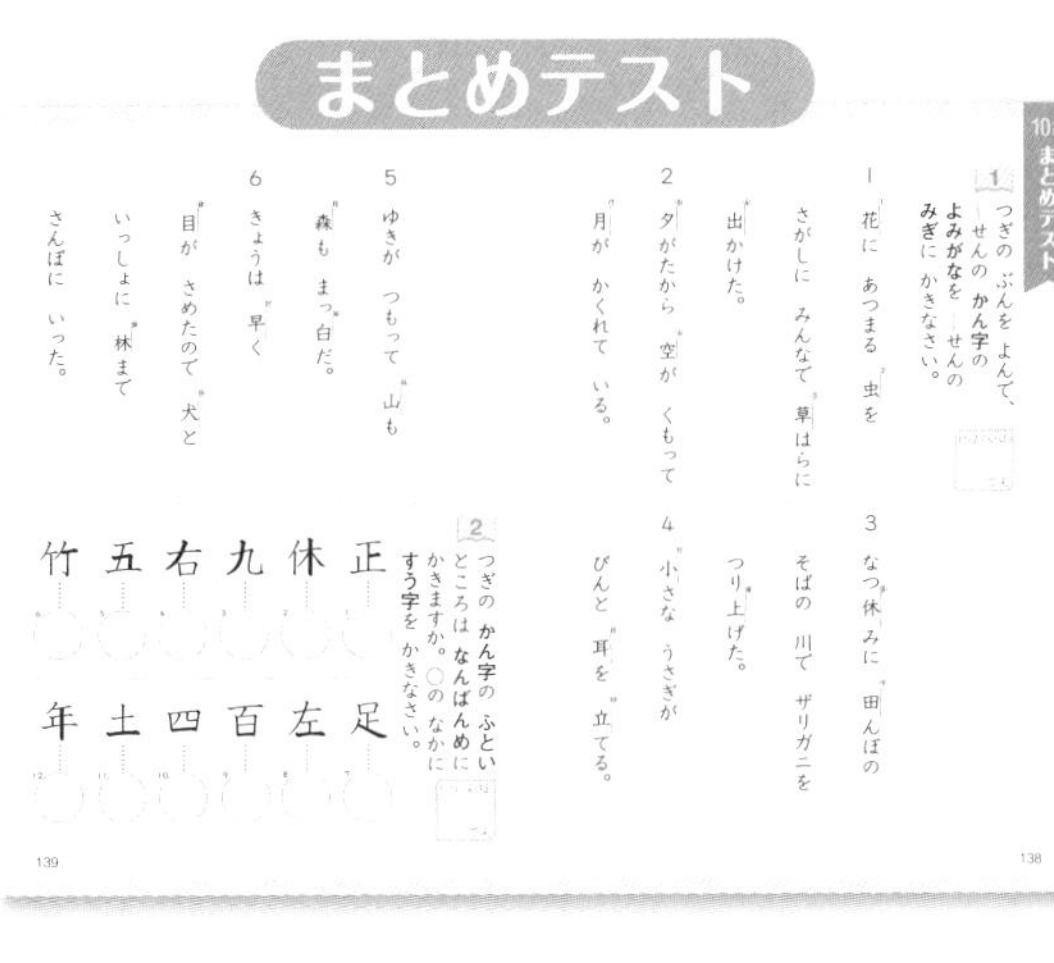

クイズで あそぼ！

力だめしの あとには、たのしい クイズの ページが あります。

ひらがなひょう

ん	わ	ら	や	ま	は	な	た	さ	か	あ
		り		み	ひ	に	ち	し	き	い
		る	ゆ	む	ふ	ぬ	つ	す	く	う
		れ		め	へ	ね	て	せ	け	え
	を	ろ	よ	も	ほ	の	と	そ	こ	お

カタカナひょう

ン	ワ	ラ	ヤ	マ	ハ	ナ	タ	サ	カ	ア
		リ		ミ	ヒ	ニ	チ	シ	キ	イ
		ル	ユ	ム	フ	ヌ	ツ	ス	ク	ウ
		レ		メ	ヘ	ネ	テ	セ	ケ	エ
	ヲ	ロ	ヨ	モ	ホ	ノ	ト	ソ	コ	オ

ひらがな編

もくじ

ステップ① はると あそぼう！……10
ステップ② なつと あそぼう！……14
ステップ③ おかいもの たのしいな……18
ステップ④ あきと あそぼう！……22
ステップ⑤ ふゆと あそぼう！……26
ステップ⑥ スポーツ がんばるぞ……30
ステップ⑦ ごちそう いっぱい……34

ステップ 1

はると あそぼう!

ことばみっけ！
つぎの なまえを もつ えが
どこに あるか さがして
みましょう。
ことり
おたまじゃくし
もんしろちょう
つりざお
ひつじ
かめ
つくし
たいよう

ステップ 1

ひらがなの　れんしゅうを　しましょう。

たんぽぽ

てんとうむし

かえる

いぬ

ざりがに

おなじ　よみかたでも、いみの　ちがう
ことばが　あります。えを　みて、□に
ひらがなを　かきましょう。

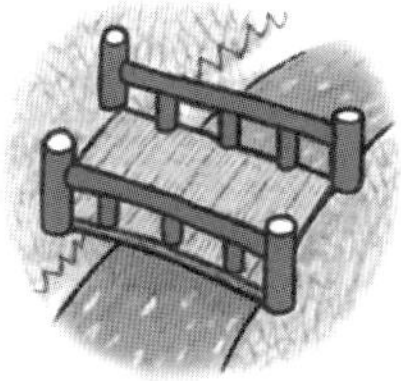
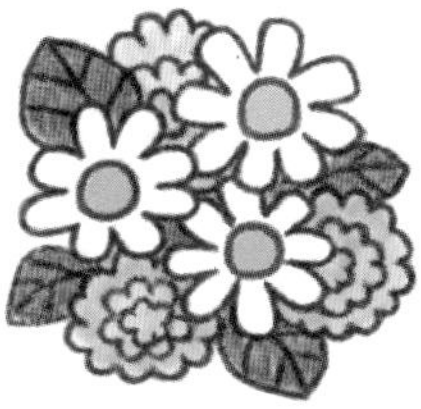
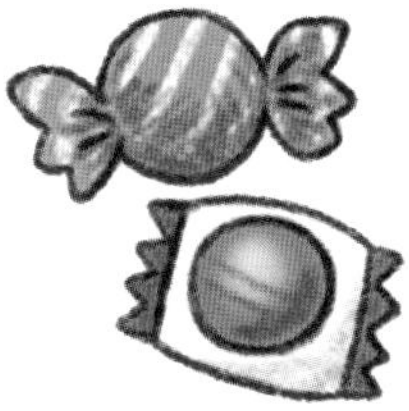
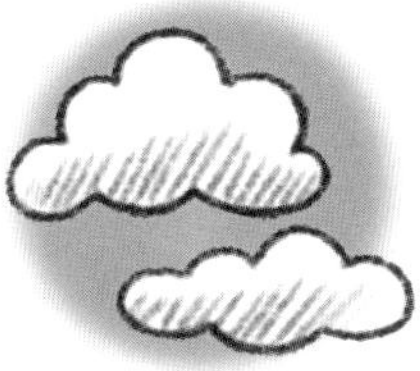

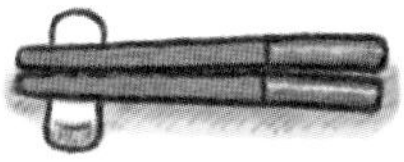
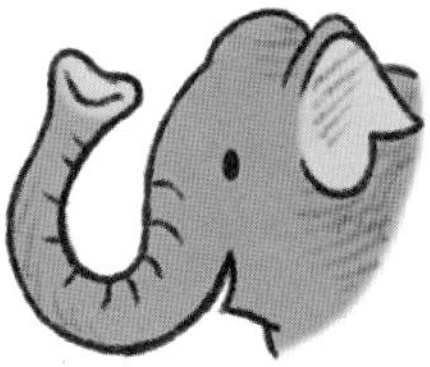
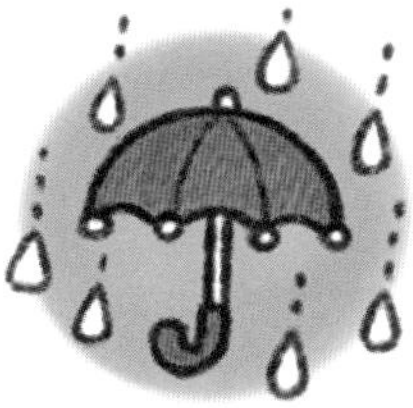
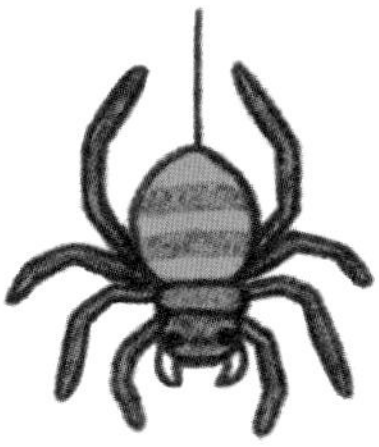

したの　えを　ヒントに、□に　ひらがなを
かいて、せんで　むすびましょう。

□つじ

さく□

□くし

め□か

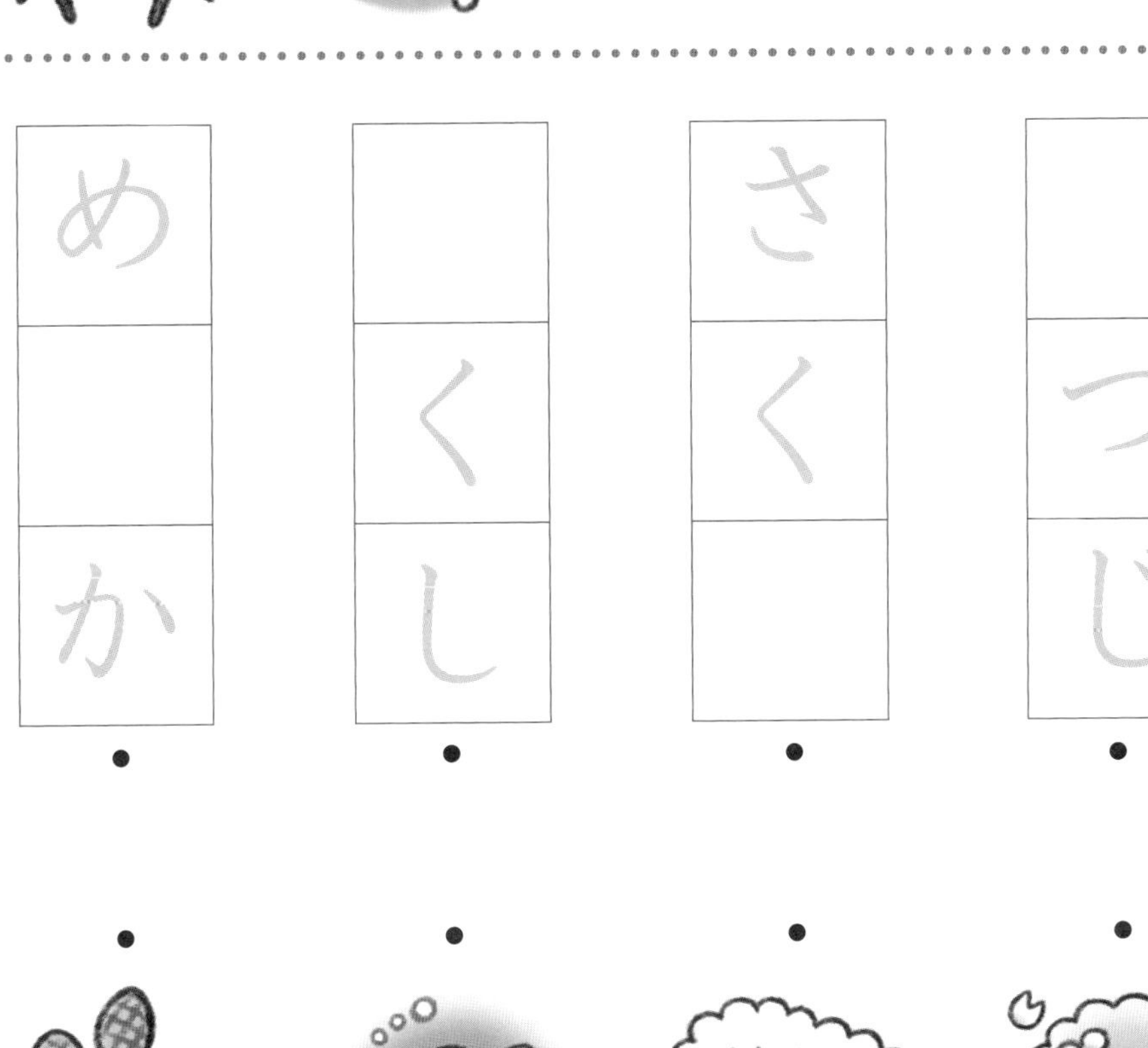

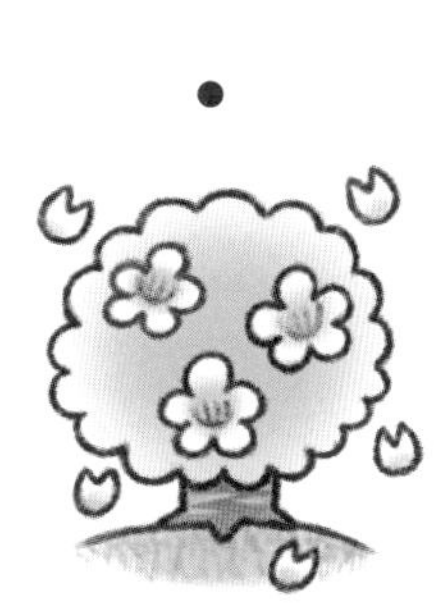

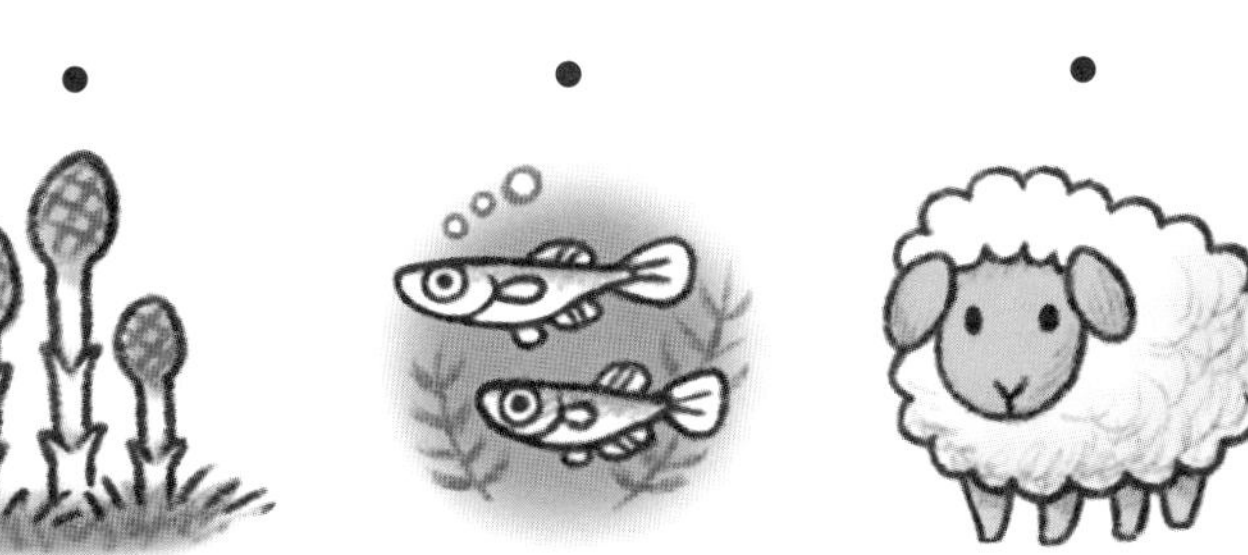

ステップ 2

なつと あそぼう！

ことばみっけ！
つぎの なまえを もつ えが
どこに あるか さがして
みましょう。
かもめ
ビーチパラソル
すいちゅうめがね
とびうお
たこ
くじら
うきわ
かに

ステップ 2

ひらがなの れんしゅうを しましょう。

ことばの なかに どうぶつが かくれて います。□に ひらがなを かきましょう。

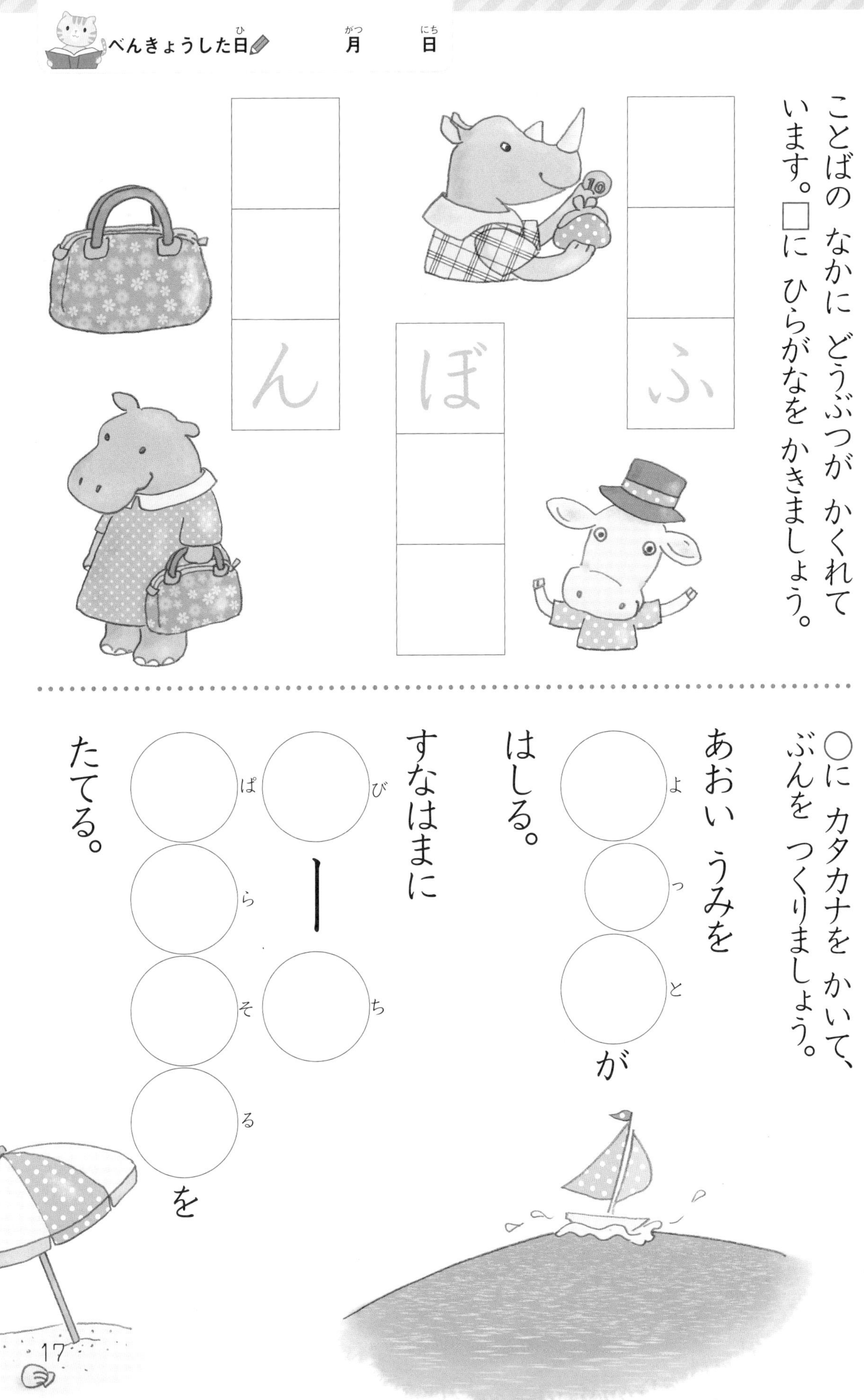

○に カタカナを かいて、ぶんを つくりましょう。

あおい うみを よっとが はしる。

すなはまに びーち ぱらそるを たてる。

ステップ
3
おかいもの たのしいな

ことばみっけ！

つぎの なまえを もつ えが どこに あるか さがして みましょう。

ようふく	ぼうし
えんぴつ	ふでばこ
プラモデル	ふうせん
ほうせき	ゆびわ

ステップ 3

ひらがなの　れんしゅうを　しましょう。

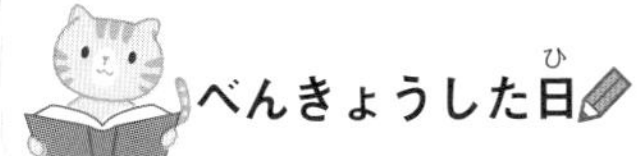

べんきょうした日（ひ）　月（がつ）　日（にち）

「お」のだんの ことばで しりとりをします。□に どんな ことばが はいるか、かきましょう。

あいうえ　□んぷ

かきくけ　□おり

さしすせ　□うじ

たちつて　□かげ

なにぬね　□はら

はひふへ　□たる

まみむめ　□ぐら

や（い）ゆ（え）　□つば

らりるれ　□うか

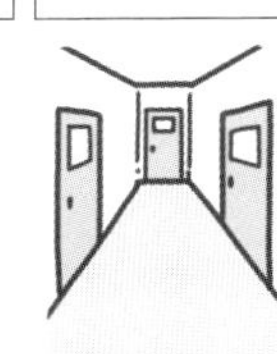

がぎぐげ　□はん

ざじずぜ　□うり

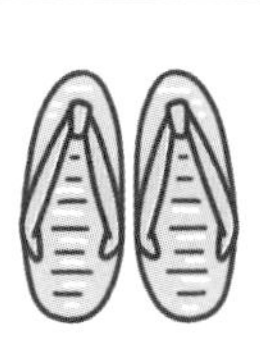

だぢづで　□せい

ばびぶべ　□たん

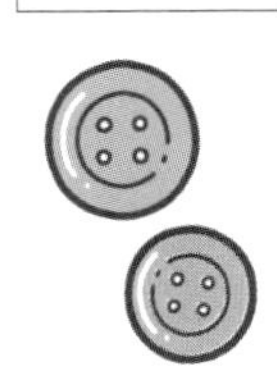

ぱぴぷぺ　□っと

ステップ 4

あきと　あそぼう！

ことばみっけ！

つぎの なまえを もつ えが どこに あるか さがして みましょう。

あかとんぼ	しか
きのこ	さる
りす	うさぎ
かき	どんぐり

ステップ 4

ひらがなの れんしゅうを しましょう。

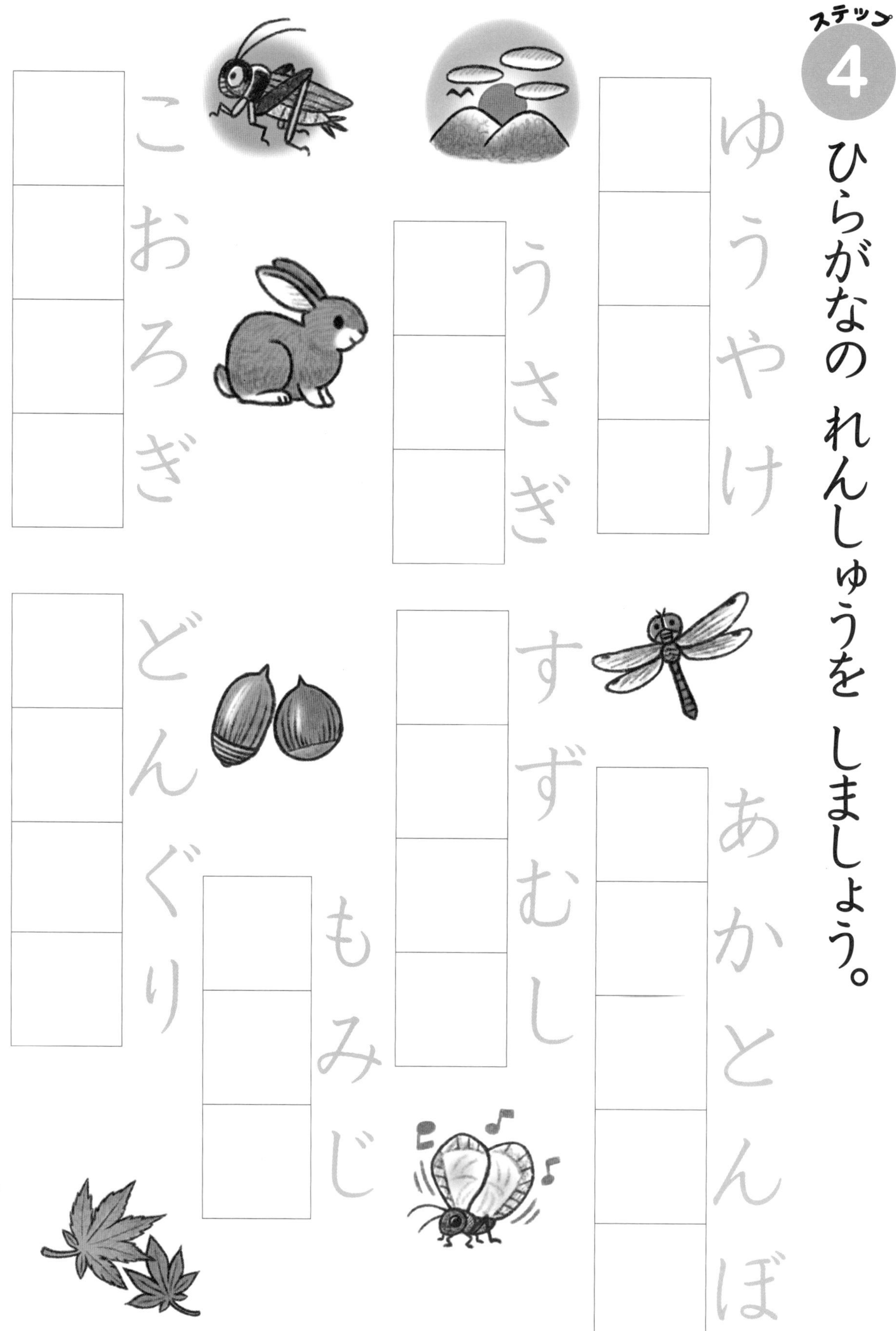

えを みて、よくにた ふたつの ことばを
□に ひらがなで かきましょう。

さか と □□

みせ と □□

みるく と □□□

したの えを みて、□に ひらがなを
かいて せんで むすびましょう。

か□

きつ□

さ□

き□こ

ステップ 5

ふゆと あそぼう!

ことばみっけ！

つぎの なまえを もつ えが
どこに あるか さがして
みましょう。

サンタクロース　みかん
ゆきだるま　マフラー
きょうかい　ろうそく
ゆきがっせん　プレゼント

ステップ 5

ひらがなの れんしゅうを しましょう。

きょうかい

ろうそく

つらら

てぶくろ

ゆきだるま

べんきょうした日　　月（がつ）　日（にち）

えを みながら、かずを かぞえる ことばを かきましょう。

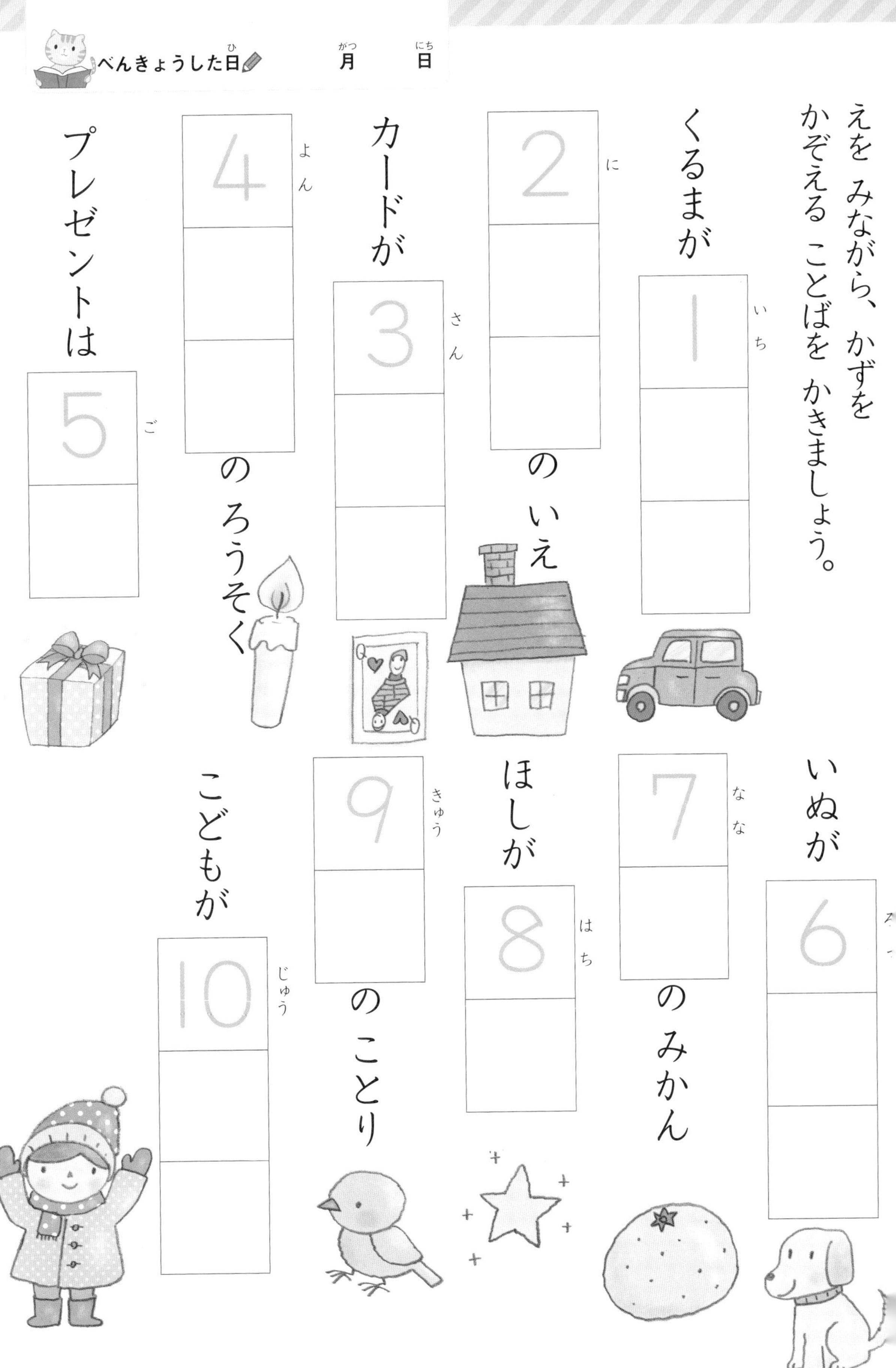

くるまが 1（いち）

2（に） の いえ

カードが 3（さん）

4（よん） の ろうそく

プレゼントは 5（ご）

いぬが 6

7（なな） の みかん

ほしが 8（はち）

9（きゅう） の ことり

こどもが 10（じゅう）

ステップ 6

スポーツがんばるぞ

8
1
7
22
30
ことばみっけ！
つぎの なまえを もつ えが
どこに あるか さがして
みましょう。
バスケットボール
ゴール
ホームラン
グローブ
やきゅう
せんしゅ
ボール
バット

ステップ 6

カタカナの れんしゅうを しましょう。

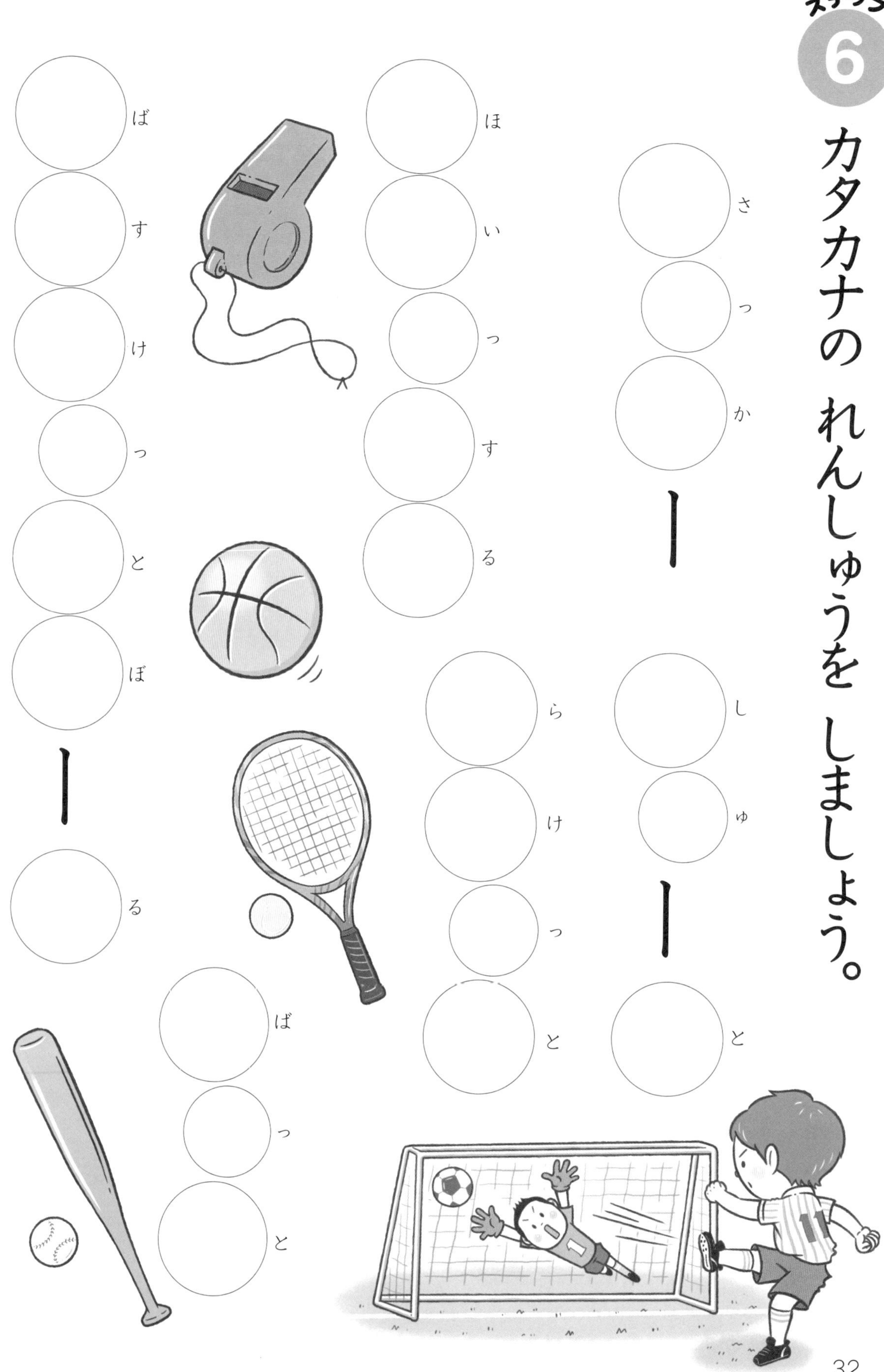

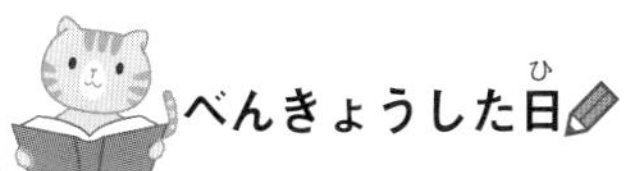
べんきょうした日(ひ)　　月(がつ)　　日(にち)

えを みながら、さかさに よんでも おなじ ことばを □に かきましょう。

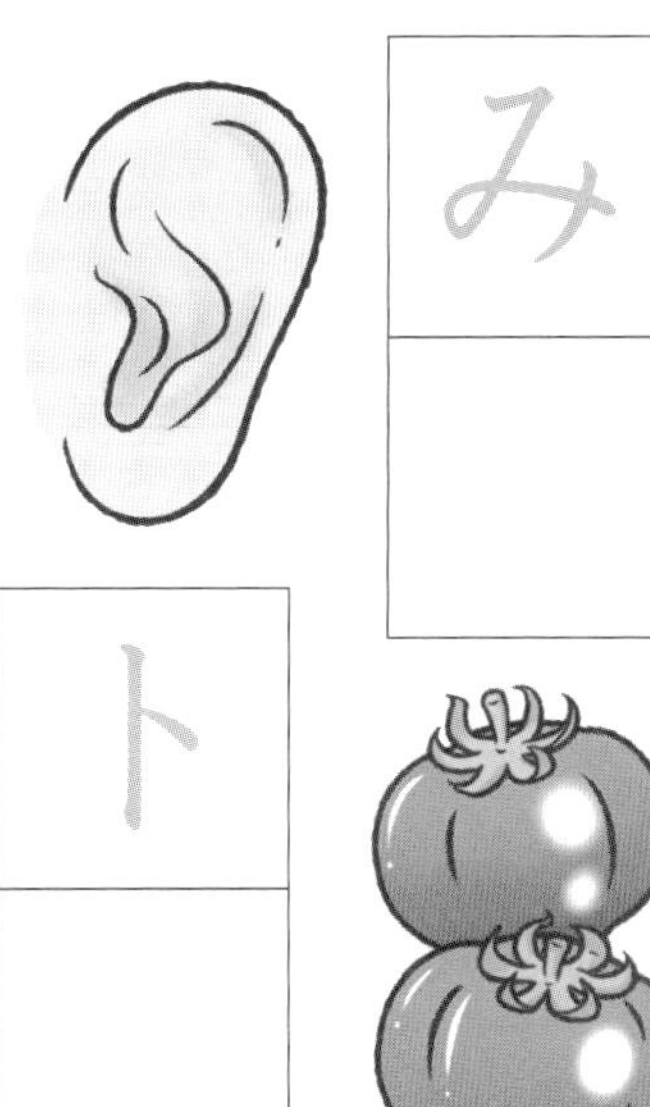
み□

ト□□

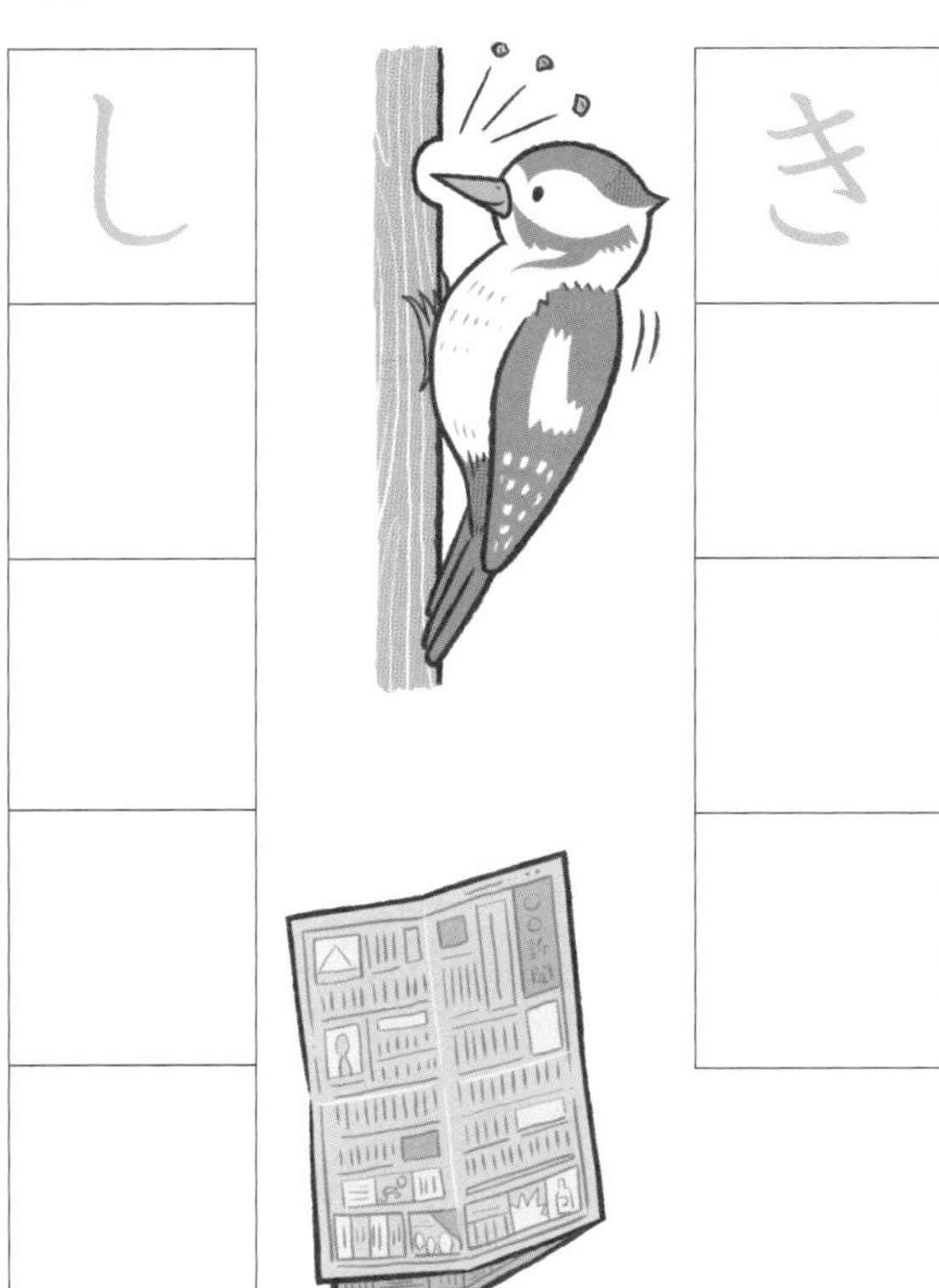
き□□□

し□□□□

○に カタカナを かいて、ぶんを つくりましょう。

○(ば)○(れ)ー○(ぼ)ー○(る)の せんしゅに えらばれました。

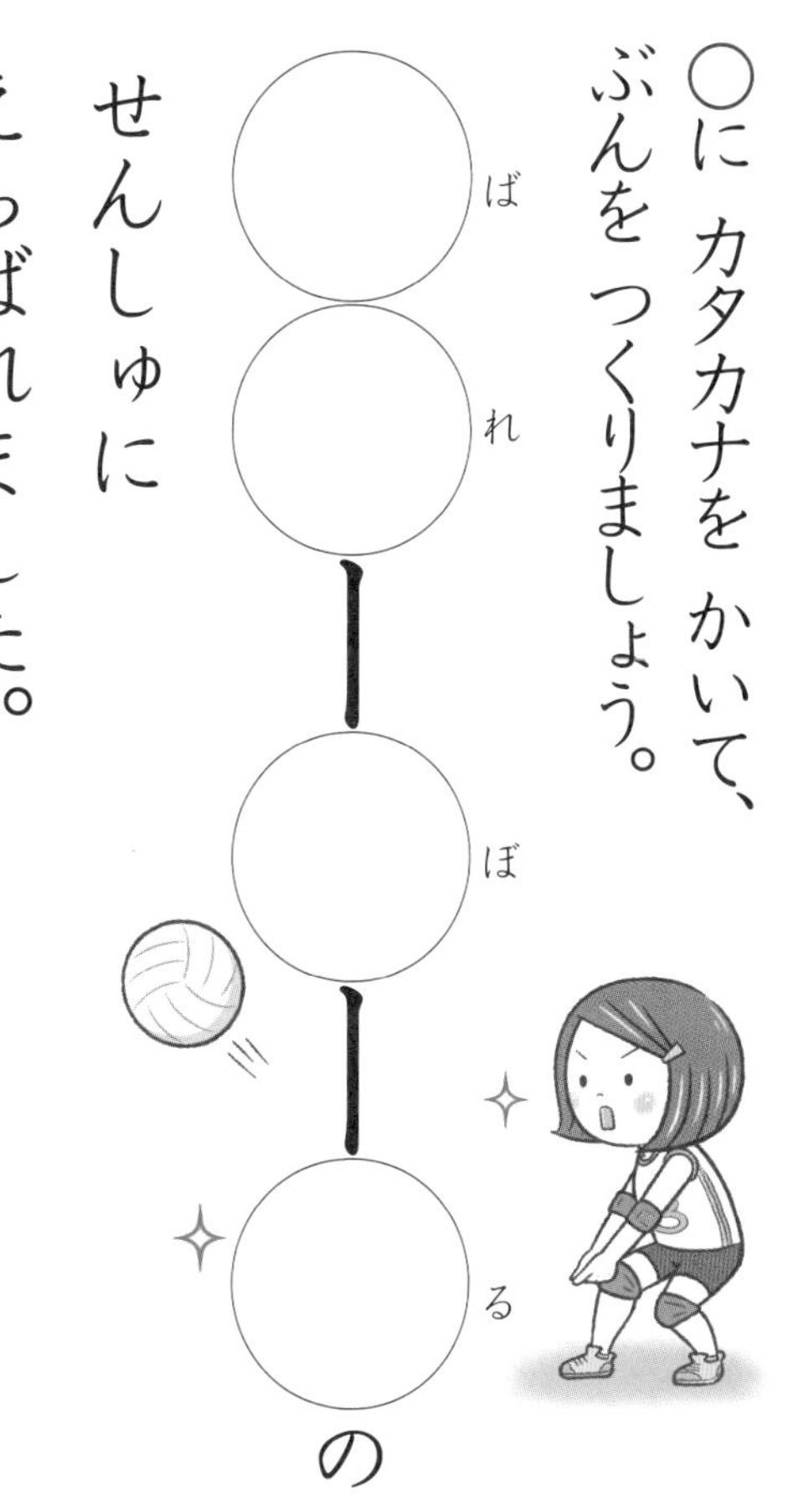

キャプテンが ○(ほ)ー○(む)○(ら)○(ん)をうちました。

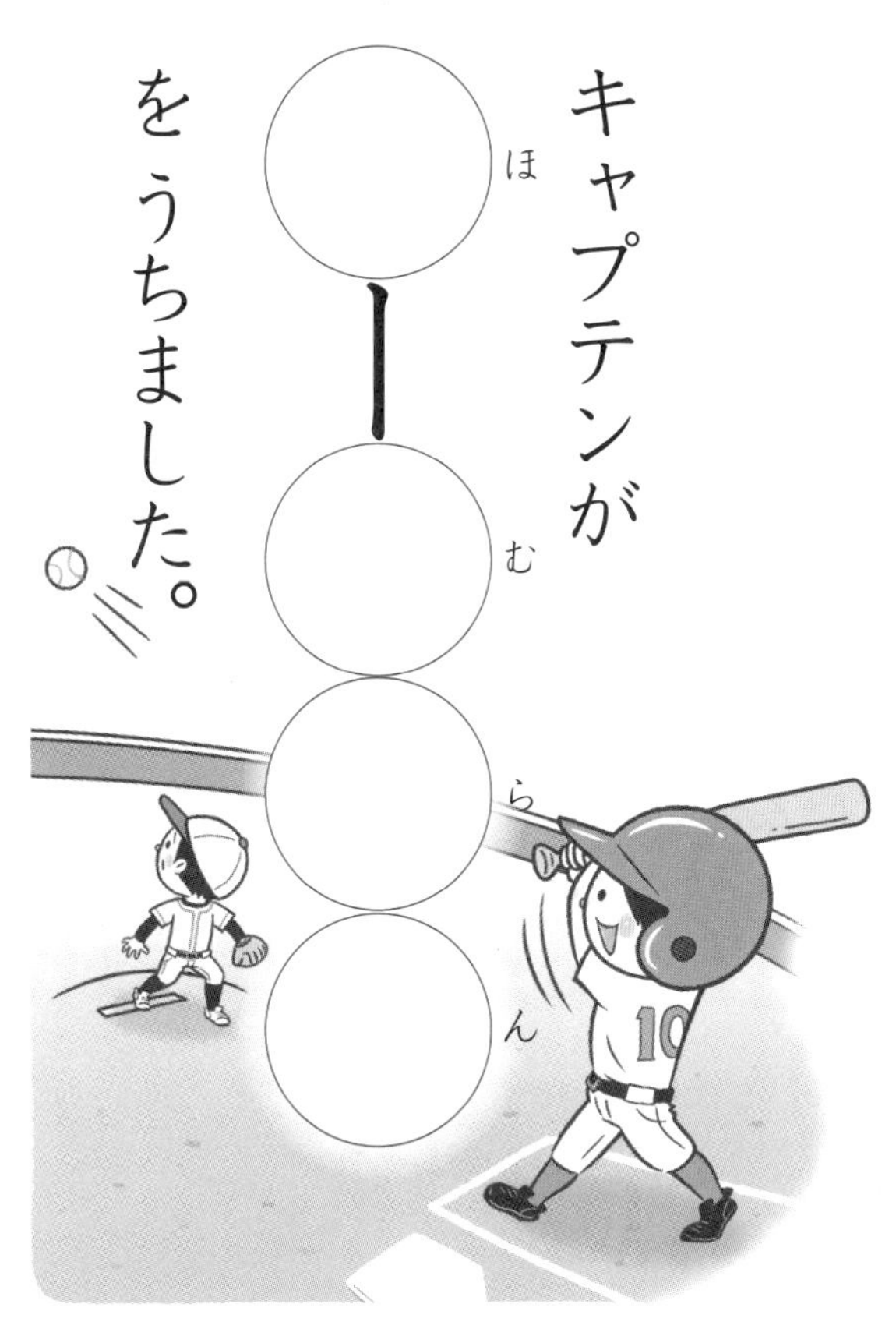

ステップ 7

ごちそういっぱい

HONEY
イチゴ
ことばみっけ！
つぎの なまえを もつ えが
どこに あるか さがして
みましょう。
サラダ
ピザ
コロッケ
パン
チョコレート
ジャム
アイスクリーム

ステップ 7

カタカナの れんしゅうを しましょう。

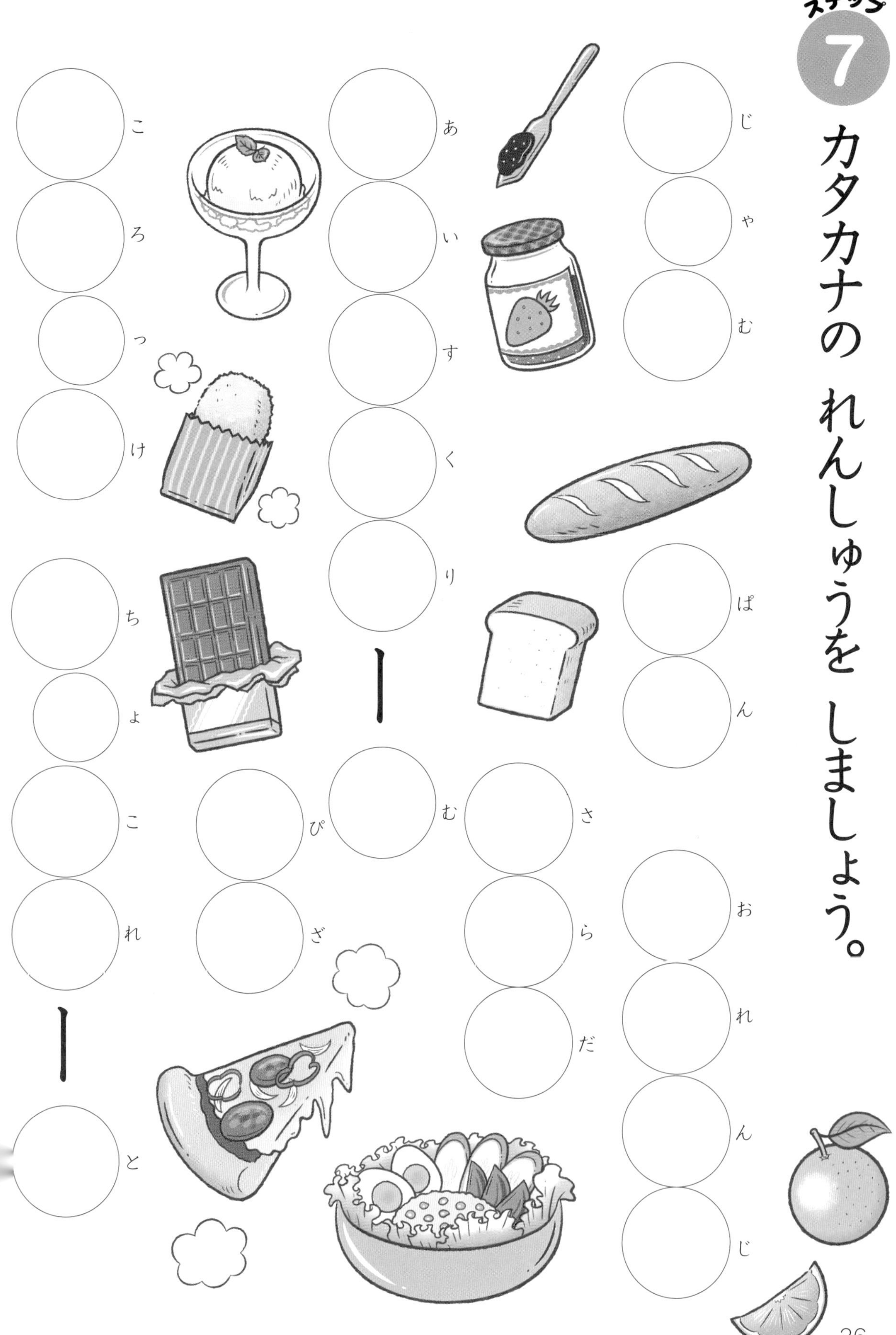

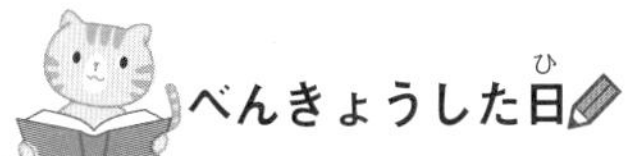

べんきょうした日　月　日

ごちそうクロスワード

もじが つながるように、□に カタカナを いれて、たべものや のみものの なまえを かきましょう。

ヒント

つぎの たべものや のみものが はいります。

オムライス　オレンジ　グラタン　ケーキ　コーヒー
コロッケ　サラダ　サンドイッチ　ジャム　ステーキ
ドーナツ　ナポリタン　パイ　バター　バナナ
ハム　パン　ハンバーグ　ピーナッツ　ピーマン
マーガリン　ラーメン

① 漢字（かんじ）は べんり！

★ひらがなだけの 早口（はやくち）ことばに ちょうせん！

○なまむぎなまごめなまたまご

○うらにわにははにわにわにはにわにわとりがいる

○うりうりがうりうりにきてうりうりのこし うりうりかえるうりうりのこえ

★中（なか）に 漢字（かんじ）が 入（はい）ると……
ぐっと よみやすい！

○生麦（なまむぎ） 生米（なまごめ） 生卵（なまたまご）

○裏庭（うらにわ）には 二羽（にわ）、 庭（にわ）には 二羽（にわ） にわとりが いる

○瓜売（うりう）りが、 瓜売（うりう）りに来（き）て、 瓜売（うりう）り残（のこ）し、 瓜売（うりう）り帰（かえ）る 瓜売（うりう）りの声（こえ）

漢字編

この本で学習する漢字

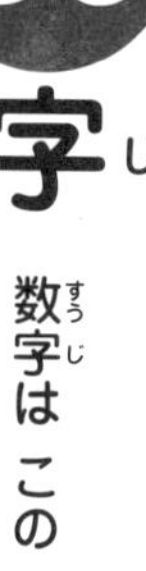

字

数字はこの本のページです。

ステップ1

【イ】	【ウ】		【エ】
一	右	雨	円
42	42	43	43

ステップ2

【オ】		【カ】	
王	音	下	火
46	46	47	47

ステップ3

			【キ】
花	貝	学	気
50	50	51	51

ステップ4

九	休	玉	金
54	54	55	55

ステップ5

【ク】	【ケ】		
空	月	犬	見
58	58	59	59

ステップ6

【コ】			【サ】
五	口	校	左
66	66	67	67

ステップ7

		【シ】	
三	山	子	四
70	70	71	71

ステップ8

糸	字	耳	七
74	74	75	75

ステップ9

車	手	十	出
78	78	79	79

ステップ10

女	小	上	森
82	82	83	83

ステップ11

	セ	ス	
生	正	水	人
91	91	90	90

ステップ12

赤	石	夕	青
95	95	94	94

ステップ13

ソ			
早	先	川	千
99	99	98	98

ステップ14

タ			
大	村	足	草
103	103	102	102

ステップ15

		チ	
虫	中	竹	男
107	107	106	106

ステップ16

ト		テ	
土	田	天	町
115	115	114	114

ステップ17

ネ			ニ
年	入	日	二
119	119	118	118

ステップ18

フ	ヒ		ハ
文	百	八	白
123	123	122	122

ステップ19

モ	メ		ホ
目	名	本	木
127	127	126	126

ステップ20

ロ			リ
六	林	力	立
131	131	130	130

1画(かく)

イチ
イツ
ひと
ひと（つ）

ぶしゅ	一	ぶしゅめい	いち

ことばとつかいかた

▲一番(いちばん)
★一人(ひとり)
★二月一日(にがつついたち)
水(みず)を一口(ひとくち)のむ

5画

ウ
ユウ
みぎ

ぶしゅ	口	ぶしゅめい	くち

ことばとつかいかた

右手(みぎて)
左右(さゆう)を見(み)る
車(くるま)が▲右折(うせつ)する

ウ
あめ
あま

ぶしゅ	ぶしゅめい
雨	あめ

ことばとつかいかた

雨(あま)がさ

雨天中止(うてんちゅうし)▲

大雨(おおあめ)の ひがい

エン
まる（い）

ぶしゅ	ぶしゅめい
冂	どうがまえ けいがまえ まきがまえ

ことばとつかいかた

一円玉(いちえんだま)

空(そら)とぶ 円(えん)ばん

円(まる)く なって おどる

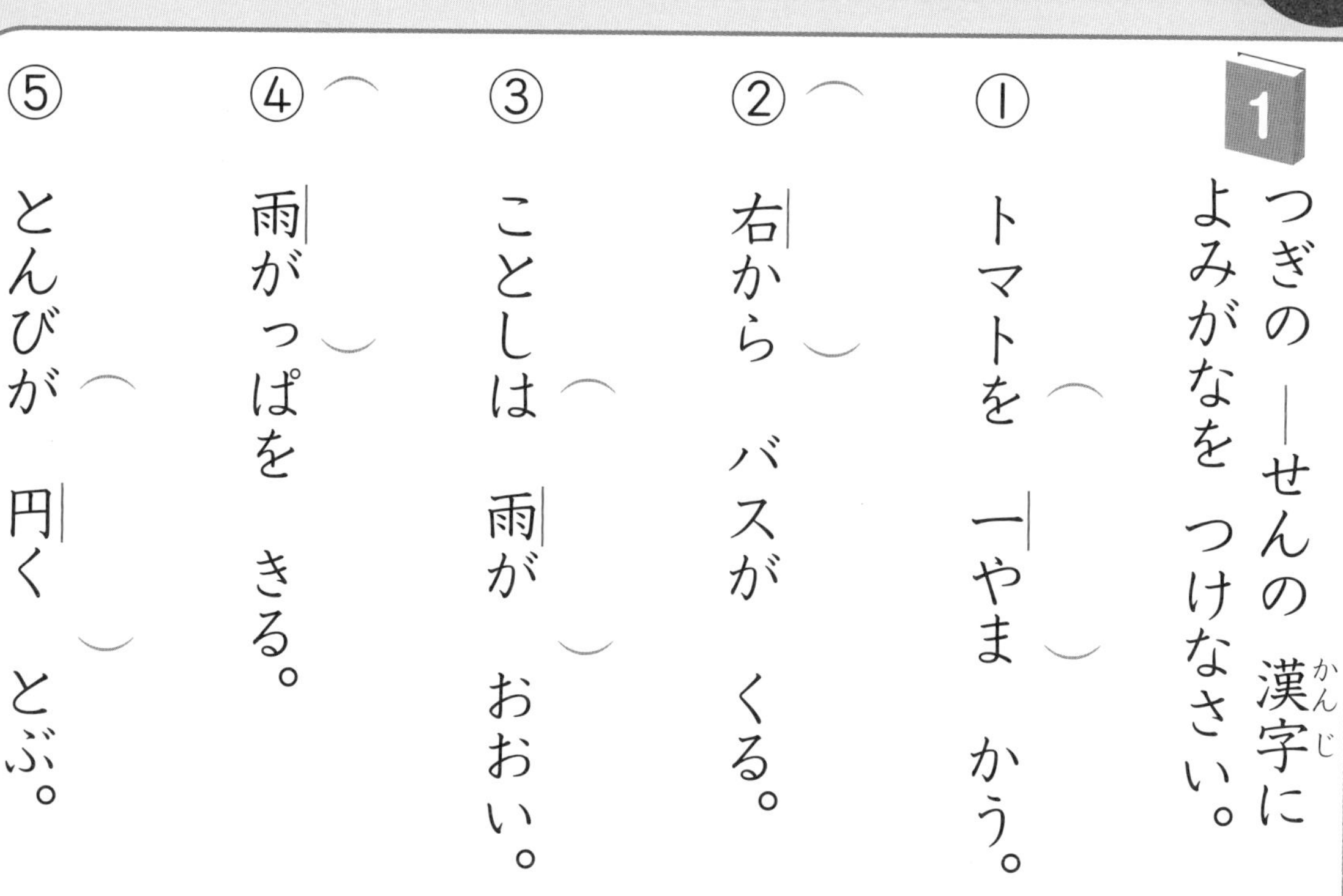

1 つぎの ―せんの 漢字(かんじ)に よみがなを つけなさい。

① トマトを（　　）一やま かう。

② 右から（　　）バスが くる。

③ ことしは 雨が（　　）おおい。

④ 雨がっぱを（　　）きる。

⑤ とんびが 円く（　　）とぶ。

2 つぎの □には 漢字(かんじ)を、○には カタカナを かきなさい。

① □(みぎ)手(て)で ○○○(かめら)を もつ。

② ○○○(かもめ)が □(いち)れつに ならぶ。

③ ○○(ぺん)で □(えん)を かく。

3

つぎの「一」の よみがなで 正しい ものを せんで つなぎなさい。

①
- 一つの みかん・　　・いち
- 一まいの え・　　・ひと

②
- 一休みする・　　・いち
- 一わの とり・　　・いっ
- 一さつの 本・　　・ひと

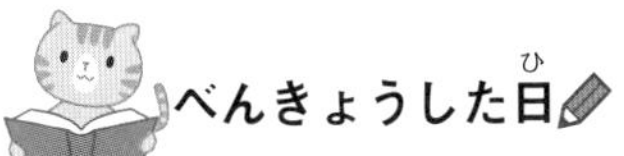

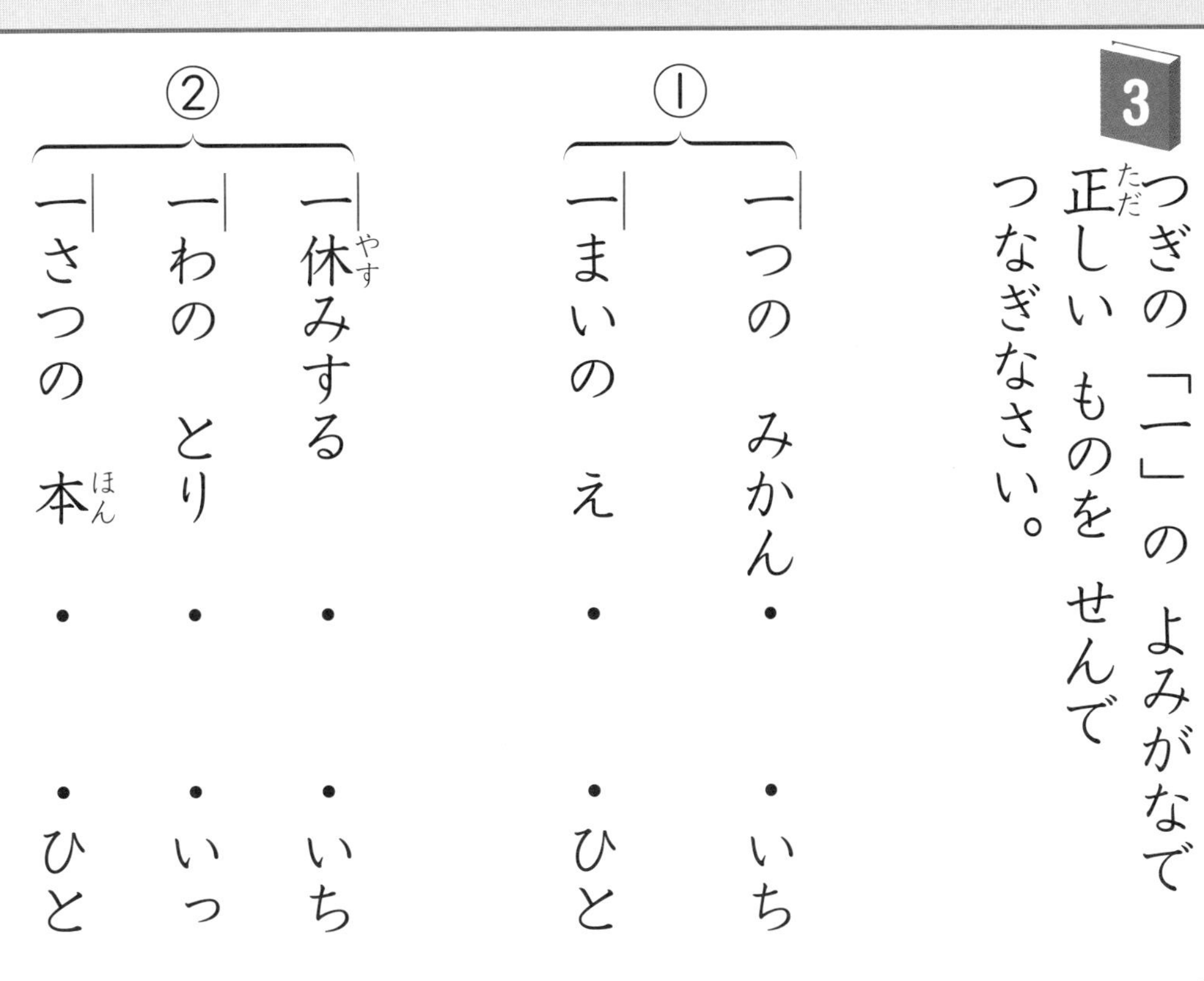

4

漢字を □に かきなさい。

① □(いっ)ぴきの ねこ。

② □(いち)ばん □(みぎ)の 人。

③ □(う)天で 花火大会は とりやめに なった。

④ おつりは 百□(えん)だった。

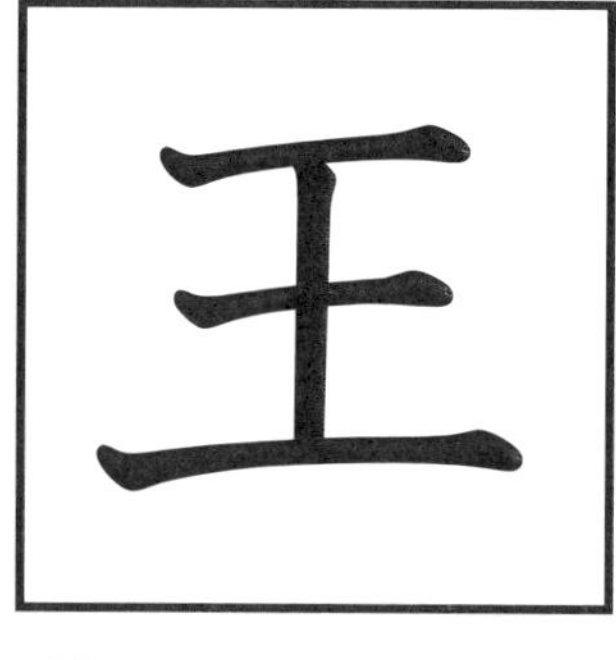

オウ

ぶしゅ	王	ぶしゅめい	おう

ことばとつかいかた

▲王国（おうこく）

王子（おうじ）さま

ホームラン王（おう）に なる

オン

イン㊥

おと

ね

ぶしゅ	音	ぶしゅめい	おと

ことばとつかいかた

足音（あしおと）

▲音楽（おんがく）

▲福音（ふくいん）◎

すばらしい ▲音色（ねいろ）

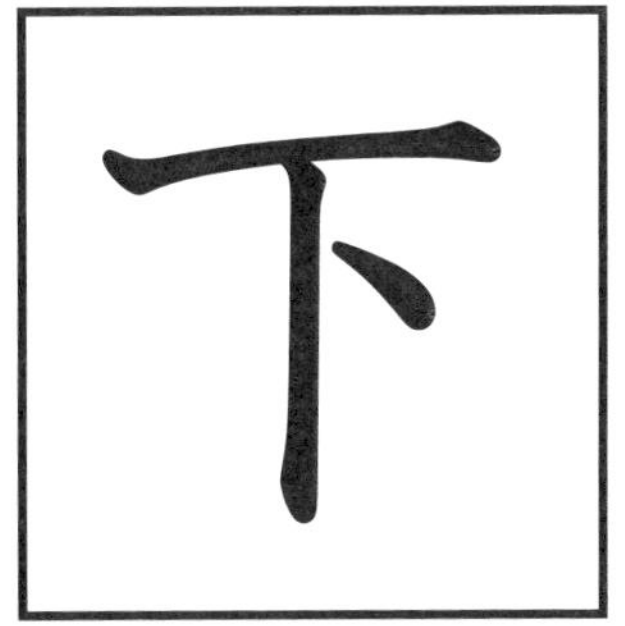

カ・ゲ・した・しも
さ(げる)・さ(がる)
くだ(る)・くだ(す)
くだ(さる)
お(ろす)・お(りる)
もと㊥

3画

ぶしゅ		ぶしゅめい	
	一		いち

ことばとつかいかた

▲地下(ちか)　下校(げこう)　◎足下(あしもと)

川下(かわしも)に　下(くだ)る

木(き)の　下(した/◎もと)に　こしを　下(お)ろす

カ
ひ
ほ㊒

4画

ぶしゅ		ぶしゅめい	
	火		ひ

ことばとつかいかた

花火(はなび)

▲火事(かじ)

◎▲火照(ほて)る　火(ひ)を　けす

1 つぎの ―せんの 漢字(かんじ)に よみがなを つけなさい。

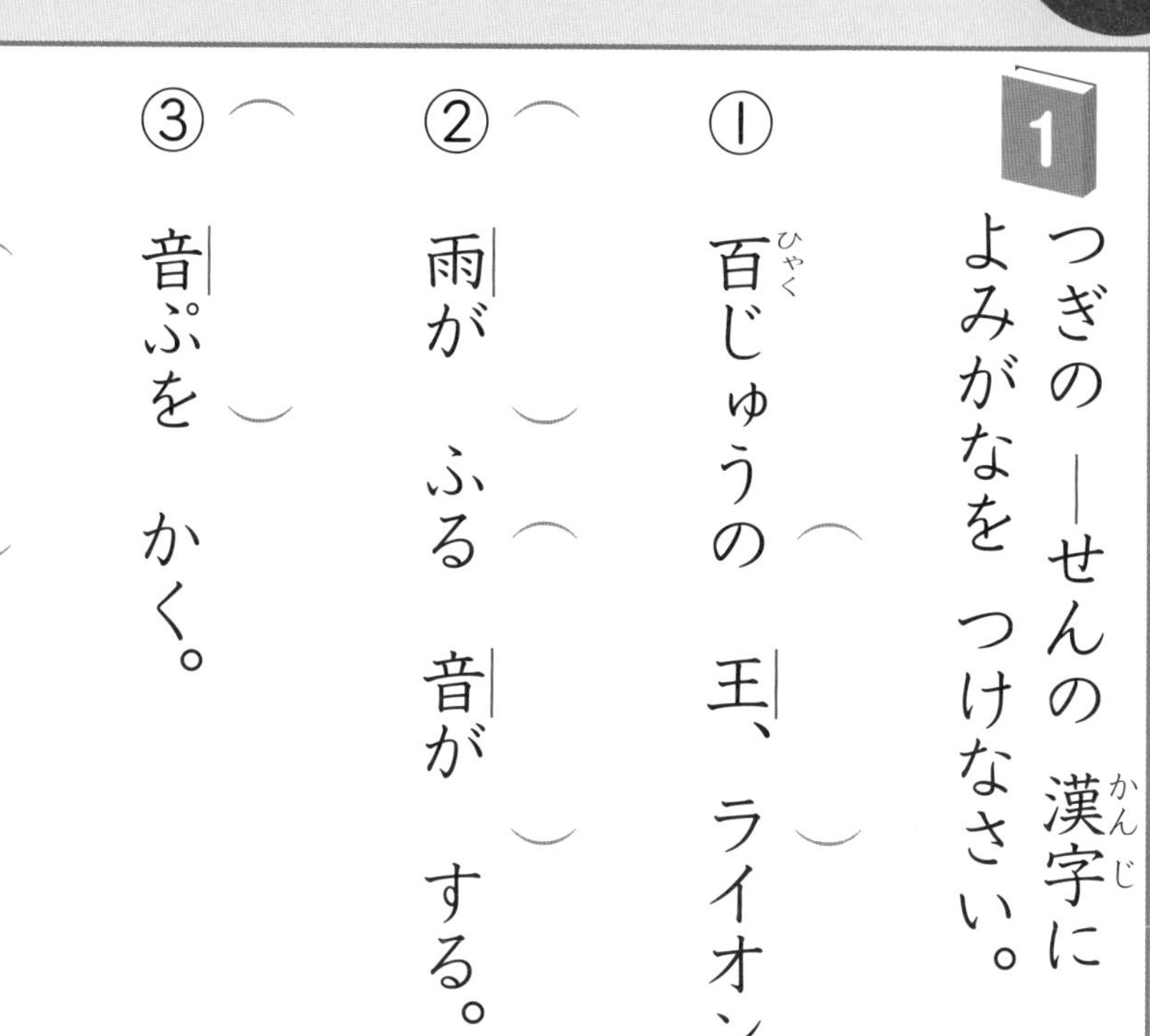

① 百(ひゃく)じゅうの （　）王、（　）ライオン。

② 雨（　）が ふる 音（　）が する。

③ 音（　）ぷを かく。

④ ろう下（　）の そうじを する。

⑤ マッチで 火（　）を つける。

2 つぎの 漢字(かんじ)の 白(しろ)い ところは なんばんめに かきますか。○の 中(なか)に 数字(すうじ)を かきなさい。

① 雨 ……○ ばんめ

② 王 ……○ ばんめ

③ 右 ……○ ばんめ

④ 火 ……○ ばんめ

3 つぎの「下」の よみがなで 正(ただ)しい ほうの ばんごうに ○を つけなさい。

① さかを 下る
　1 くだ
　2 お

② 山(やま)から 下りる
　1 さ
　2 お

③ あたまを 下げる
　1 さ
　2 くだ

④ 大(おお)きな 川(かわ)の 川(かわ)下
　1 した
　2 しも

4 漢字(かんじ)を □に かきなさい。

① □(おう)さまと けらい。

② □(した)の へやから もの□(おと)が きこえた。

③ □(おん)がくかいは □(か)よう日(び)だ。

カ
はな

7画（かく）

ぶしゅ		ぶしゅめい	
ぶしゅ	艹	ぶしゅめい	くさかんむり

ことばとつかいかた

草花（くさばな）

花（か）びん

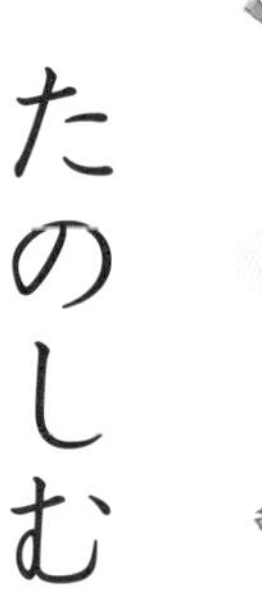

お花見（はなみ）を　たのしむ

かい

7画

ぶしゅ		ぶしゅめい	
ぶしゅ	貝	ぶしゅめい	かい こがい

ことばとつかいかた

貝（かい）がら

さくら貝（がい）

はまべで　貝（かい）を　ひろう

キ
ケ

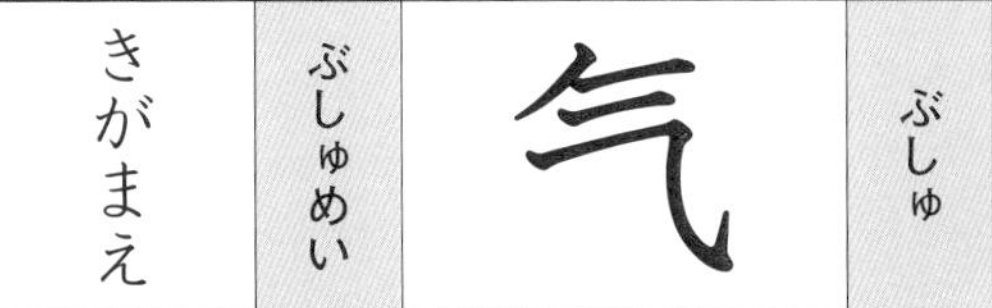

ぶしゅ
ぶしゅめい
きがまえ

ことばとつかいかた

天気（てんき）

▲気配（けはい）

早おき（はやおき）は　気もち（きもち）が　よい

ガク
まな（ぶ）

ぶしゅ
ぶしゅめい
こ

ことばとつかいかた

学校（がっこう）

入学（にゅうがく）

▲漢字（かんじ）を　学ぶ（まなぶ）

1

つぎの ―せんの 漢字(かんじ)に よみがなを つけなさい。

① 花だんの 花に 水(みず)を やる。

② 貝がらを ひろいに いく。

③ 小(しょう)学校(こう)は 右に あります。

④ 村(むら)の れきしを 学ぶ。

⑤ そとの 音が 気に なる。

2

つぎの 漢字(かんじ)の よみがなで 正(ただ)しい ほうの ばんごうに ○を つけなさい。

① 一生(しょう)
1 いつ
2 いっ

② 左(さ)右
1 ゆう
2 いう

③ 王女(じょ)
1 おお
2 おう

④ 学校(こう)
1 がつ
2 がっ

3

つぎの ―せんの 漢字(かんじ)に よみがなを つけなさい。

① かいだんを 下（　）りて
地(ち)下（　）てつの のりばへ いく。

② 花（　）びんに 花（　）を さす。

③ 五(ご)円（　）玉(だま)には 円（　）い あなが あいて いる。

4

漢字(かんじ)を □に かきなさい。

① □□(はなび)が 上(あ)がる。

② □(かい)を やいて たべる。

③ □(がく)生(せい)ふくを きて
入(にゅう)□(がく)しきに 出(で)る。

④ げん□(き)な あいさつ。

九

キュウ
ク
ここの
ここの（つ）

2画（かく）

ぶしゅ		ぶしゅめい	
	乙		おつ

ことばとつかいかた

九月九日（くがつここのか）

ももが 九つ（ここの）

九人（きゅうにん・くにん）で やる スポーツ

休

キュウ
やす（む）
やす（まる）
やす（める）

6画

ぶしゅ		ぶしゅめい	
	亻		にんべん

ことばとつかいかた

▲夏休み（なつやすみ）

学校（がっこう）を 休（やす）む

休日（きゅうじつ）は からだを 休（やす）めよう

玉

5画

ギョク
たま

ぶしゅ		ぶしゅめい	
	玉		たま

ことばとつかいかた

玉（たま）のり
お年玉（としだま）
シャボン玉（だま）を とばす

8画

キン
コン
かね
かな

ぶしゅ		ぶしゅめい	
	金		かね

ことばとつかいかた

金（かな）づち
金（きん）メダル
ちょ金（きん）ばこに お金（かね）を ためる

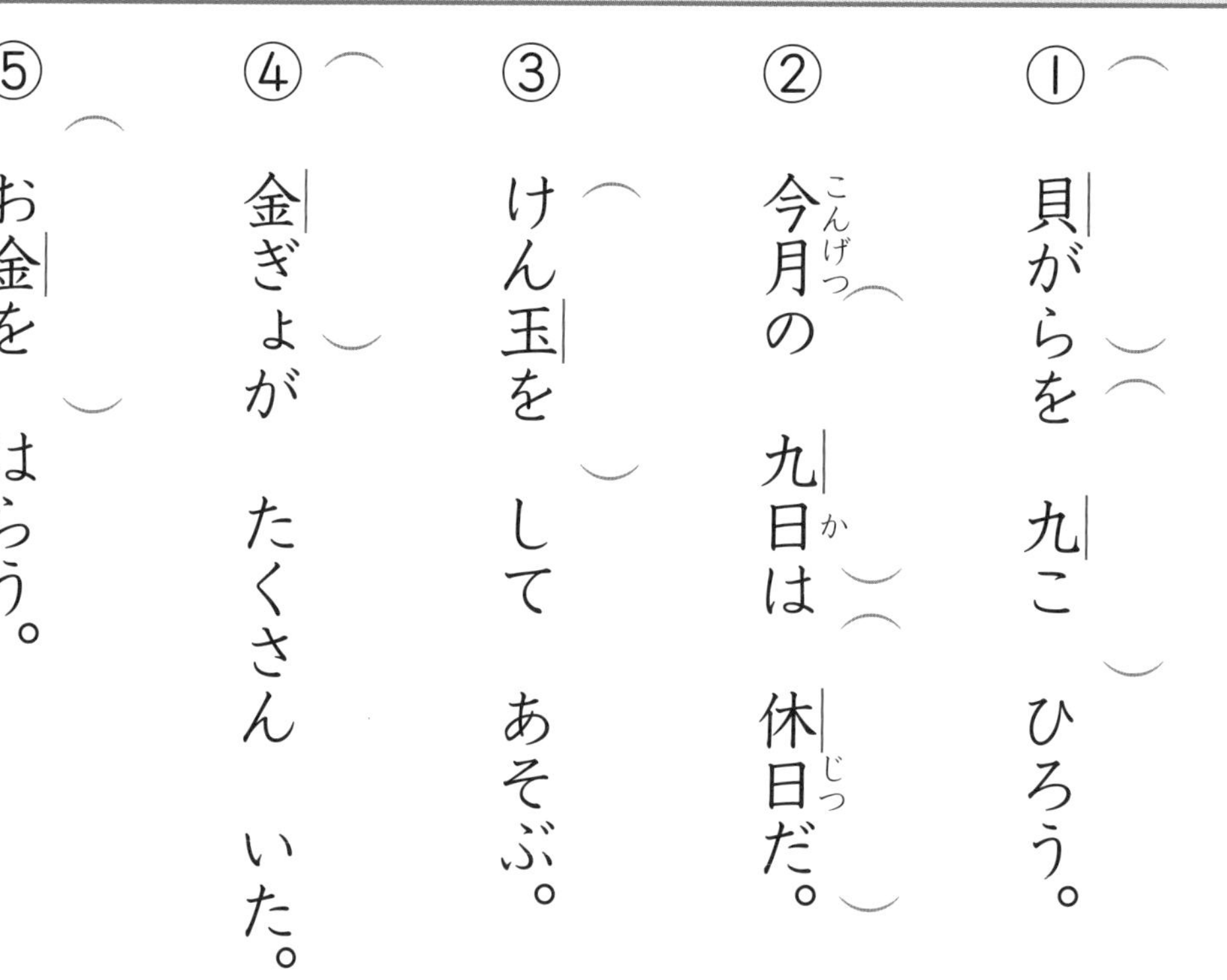
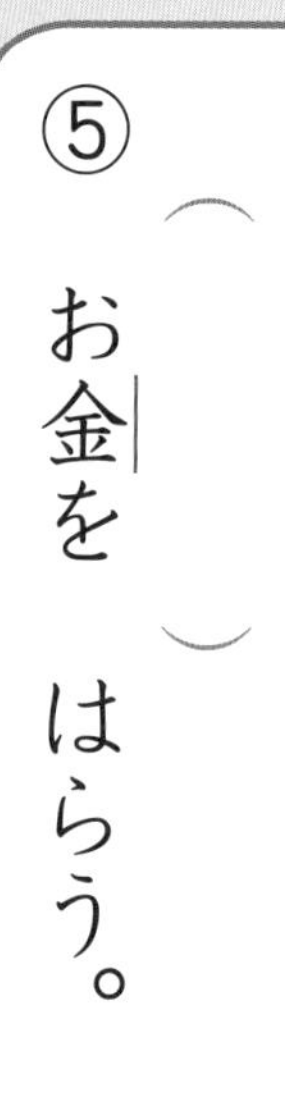

1 つぎの ―せんの 漢字(かんじ)に よみがなを つけなさい。

① 貝がらを 九こ ひろう。

② 今月(こんげつ)の 九日(か)は 休日(じつ)だ。

③ けん玉を して あそぶ。

④ 金ぎょが たくさん いた。

⑤ お金を はらう。

2 ばらばらに なって いる 漢字(かんじ)を むすんで もとに もどし、□に かきなさい。

艹・　木・　𭕄・

亻・　化・　子・

□ □ □

3 つぎの □には 漢字（かんじ）を、○には カタカナを かきなさい。

① □（く）じに なる

② ○○○○（ちゃいむ）。○○○（きんぐ）とは

③ □（おう）さまの ことだ。

○（び）ー□（だま）で あそぶ。

4 漢字（かんじ）を □に かきなさい。

① □（きゅう）ひきの めだか。

② こんどの □（きん）よう日（び）は

学校（がっこう）が □（やす）みだ。

③ □（いち）円 □（だま）を

□（ここの）つ ならべる。

8画(かく)

クウ
そら
あ（く）
あ（ける）
から

ぶしゅ	穴	ぶしゅめい	あなかんむり

ことばとつかいかた

青空(あおぞら)

空(あ)きかん

空(から)っぽ

おいしい 空気(くうき)

4画

ゲツ
ガツ
つき

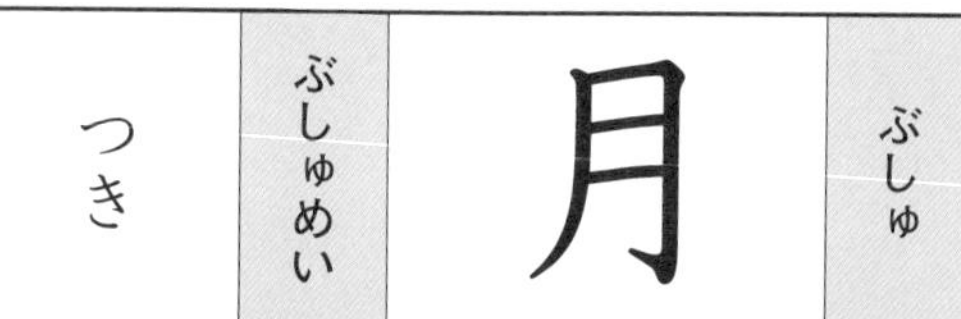

ぶしゅ	月	ぶしゅめい	つき

ことばとつかいかた

月(げつ)よう日(び)

正月(しょうがつ)

お月見(つきみ)を する

ケン
いぬ

ぶしゅ	犬	ぶしゅめい	いぬ

ことばとつかいかた

犬小▲屋(いぬごや)

▲番犬(ばんけん)

犬(いぬ)の 赤(あか)ちゃん

ケン
み(る)
み(える)
み(せる)

ぶしゅ	見	ぶしゅめい	みる

ことばとつかいかた

お見(み)まい

見学(けんがく)

赤(あか)い やねが 見(み)える

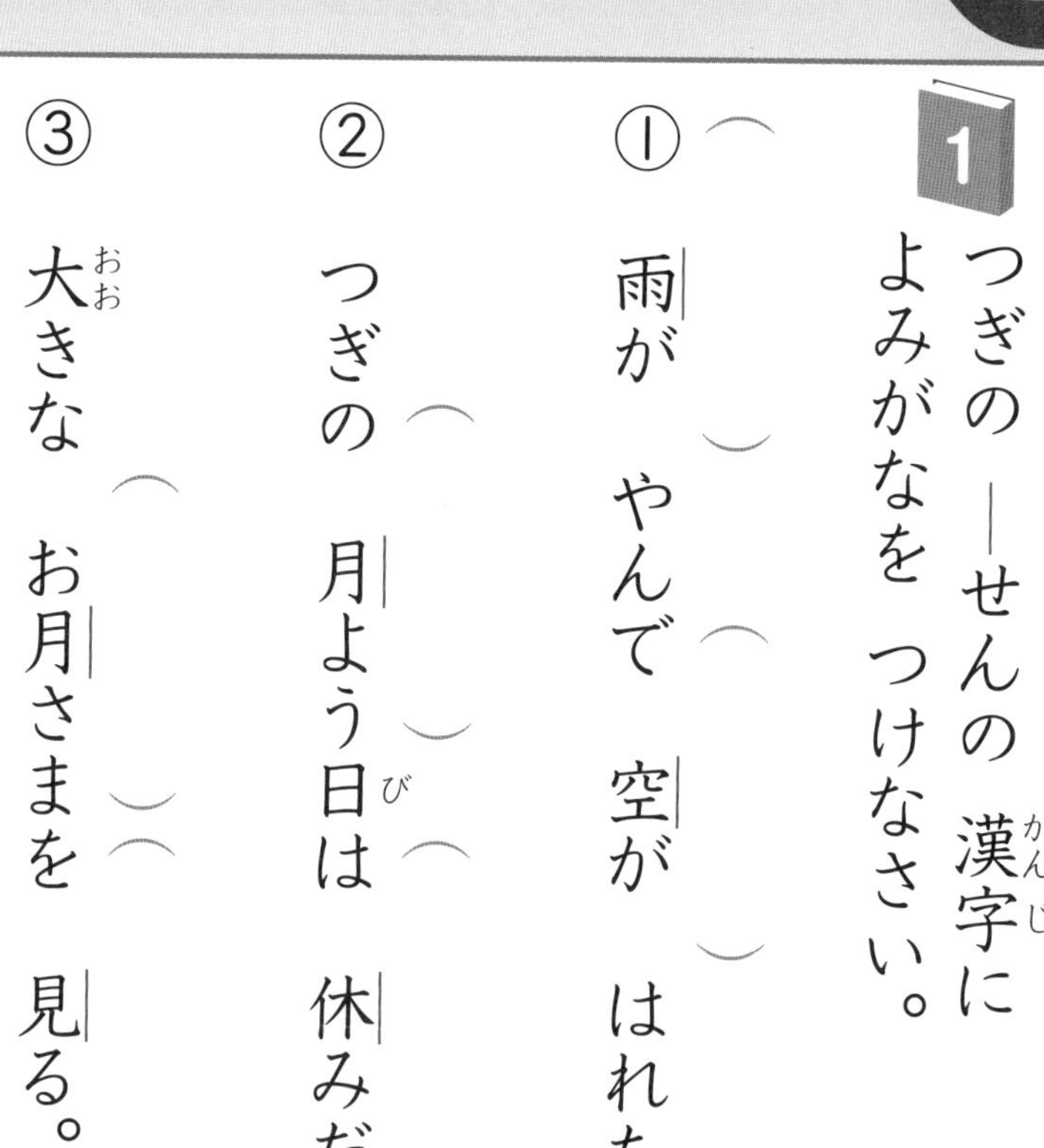

1 つぎの ―せんの 漢字(かんじ)に よみがなを つけなさい。

① 雨が やんで 空が はれた。

② つぎの 月よう日(び)は 休みだ。

③ 大(おお)きな お月さまを 見る。

④ 犬と いっしょに さんぽした。

⑤ 十(じゅう)月の きれいな 空。

2 つぎの ―せんの 漢字(かんじ)に よみがなを つけなさい。

① 青(あお)い 空の 下で 空気を すう。

② ちょ金ばこに お金を 入(い)れる。

③ ねえさんは 九月で 九つに なる。

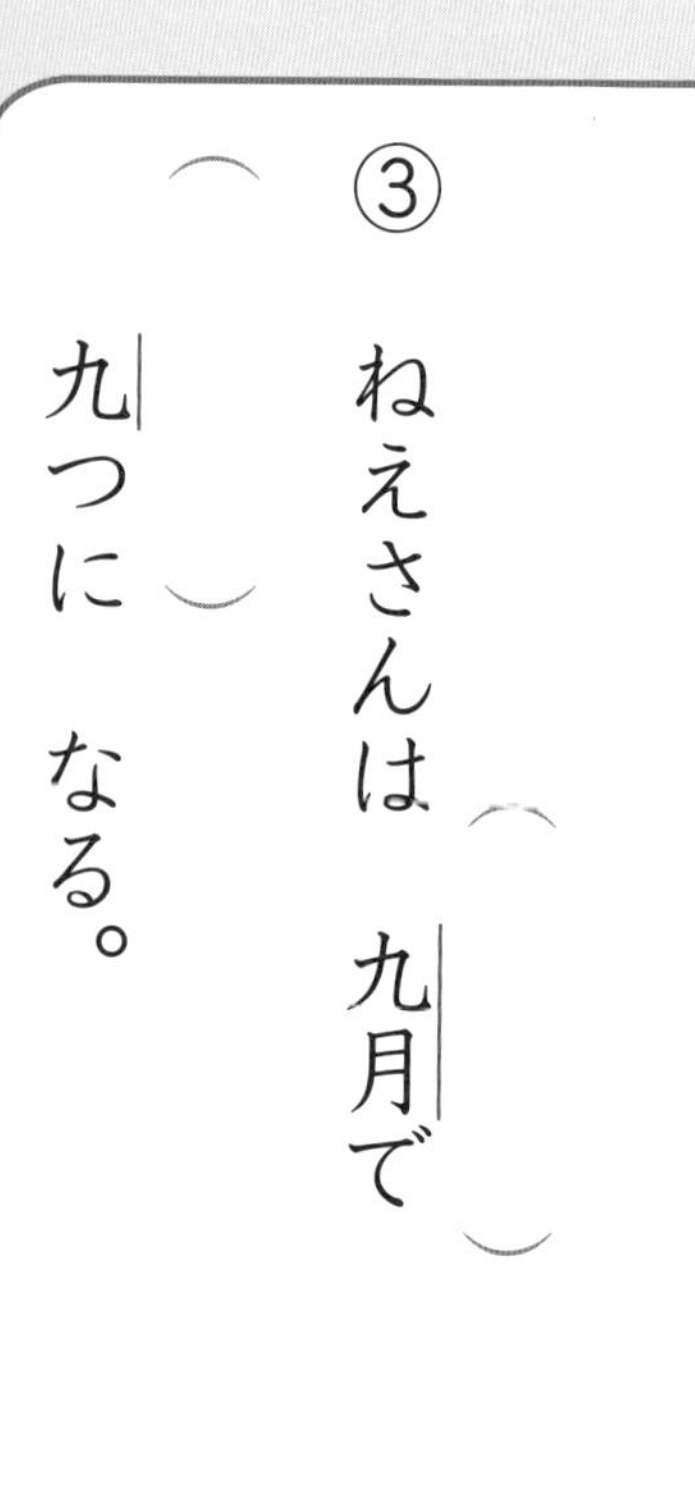

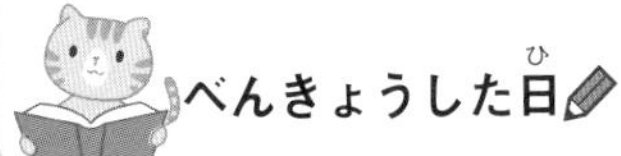

べんきょうした日(ひ)　　月　　日(にち)

3 つぎの 漢字(かんじ)の 白(しろ)い ところは おわりに かきます。なんばんめに かくか、○の 中(なか)に 数字(すうじ)を かきなさい。

① 金 …… ○ ばんめ

② 学 …… ○ ばんめ

③ 王 …… ○ ばんめ

④ 見 …… ○ ばんめ

4 漢字(かんじ)を □に かきなさい。

① □(あ) きびんを かたづける。

② □(つき) の はじめに 生(う)まれた 子(こ) □(いぬ)。

③ もうどう □(けん) の くんれんを □(けん) 学する。

1 つぎの――せんの漢字によみがなをつけなさい。〈一つ2てん(40)〉

①一（　）ばん　右（　）に　すわる。

②花火（　）の　つくりかたを　学（　）ぶ。

③つぎの　火（　）よう日は　休校（　）だ。

④音（　）がくしつに　つづく　ろう下（　）。

⑤空（　）きかんに　ビー玉（　）を　入（　）れる。

---

⑥貝（　）がらを　一（　）つ　ひろう。

⑦王（　）さまが　下（　）を　見下（　）ろす。

⑧円（　）い　月（　）が　あらわれる。

⑨げん気（　）な　子犬（　）が

九（　）ひき　生（　）まれるのを　見（　）る。

100

80

50

とくてん

てん

2

つぎの　漢字（かんじ）の　白（しろ）い　ところは　おわりに　かきます。なんばんめに　かくか、〇の　中（なか）に　数字（すうじ）を　かきなさい。〈一つ5てん（25）〉

①　貝　…　〇　ばんめ

②　花　…　〇　ばんめ

③　円　…　〇　ばんめ

④　犬　…　〇　ばんめ

⑤　下　…　〇　ばんめ

3

漢字（かんじ）を　□に　かきなさい。〈一つ5てん（35）〉

①　かぜで　学校（がっこう）を　□（やす）む。

②　□（そら）から　□（あめ）が　ふる。

③　□（ここの）つの　□（きん）メダル。

④　左（さ）□（ゆう）の　スピーカーから　□（おと）が　きこえて　くる。

ひとやすみ
クイズで あそぼ!
① かくれた 漢字(かんじ)を さがせ!
うみや はまべの なかに
漢字(かんじ)が 10こ かくれて います。
みつけて みましょう。
火
犬
雨

こたえは 137ページに あります。

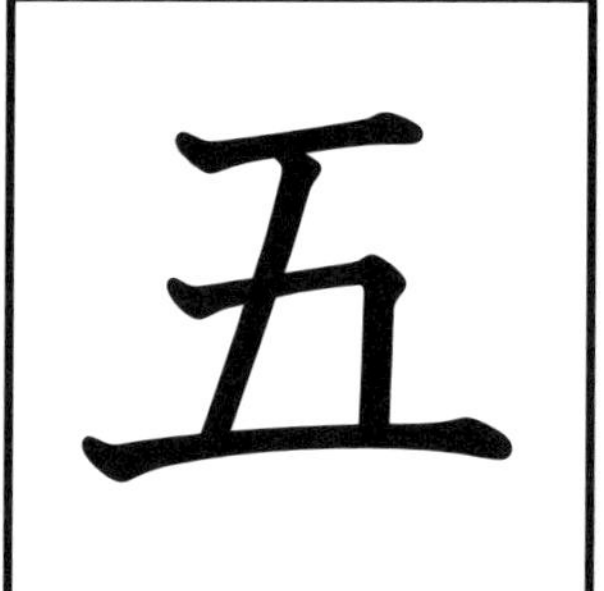

ゴ
いつ
いつ（つ）

4画(かく)

ぶしゅ		ぶしゅめい	
ぶしゅ	二	ぶしゅめい	に

ことばとつかいかた

あめ玉(だま)が　五(いつ)つ

五(ご)本(ほん)の　ゆび

五(ご)月(がつ)五(いつ)日(か)は　こどもの日(ひ)

コウ
ク
くち

3画

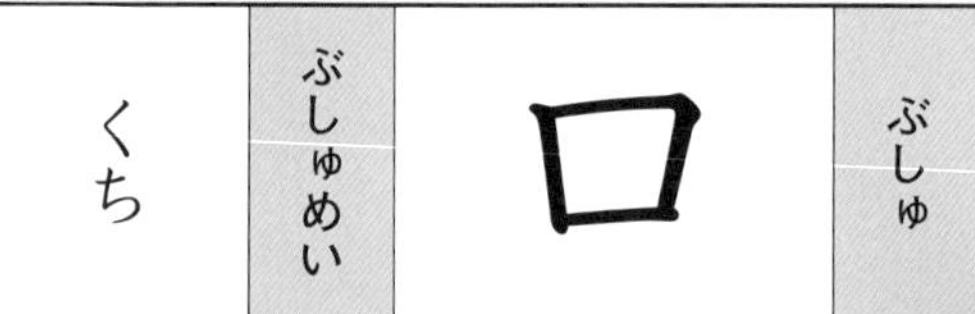

ぶしゅ		ぶしゅめい	
ぶしゅ	口	ぶしゅめい	くち

ことばとつかいかた

出(で)口(ぐち)

口(くち)ぶえを　ふく

せかいの　人(じん)口(こう)

郵便はがき

お手数ですが
切手をおはり
ください。

605-0074

(受取人)
京都市東山区祇園町南側
551番地

(公財)日本漢字能力検定協会
書籍アンケート係 行

K2403

フリガナ
お名前

〒　　　　TEL
ご住所

◆Webからでもお答えいただけます◆

下記URL、または右の二次元コードからアクセスしてください。
https://www.kanken.or.jp/kanken/textbook/step.html

ご記入頂きました個人情報は、アンケートの集計及び粗品の送付、今後の(公財)日本漢字能力検定協会の事業に関するご案内以外の目的には使用しません。また、第三者への開示、弊協会外へ漏洩することもございません。(ただし、業務の一部を、業務提携会社に委託する場合があります。)

16歳未満の方は、保護者の同意の上ご記入ください。

個人情報のご記入は任意でありますが、必須事項をご記入頂けない場合は粗品の送付が出来ない場合がございますので、ご注意ください。

ご記入頂きました個人情報に関する開示、訂正等お問い合わせは、下記の窓口へお願いします。

(公財)日本漢字能力検定協会　個人情報保護責任者　事務局長
個人情報相談窓口　https://www.kanken.or.jp/privacy/

今後の出版事業に役立てたいと思いますので、下記のアンケートにご協力ください。抽選で粗品をお送りします。

お買い上げいただいた本（級に○印をつけてください）

『漢検　漢字学習ステップ　ワイド版』　7級　8級　9級　10級

●年齢＿＿＿＿＿歳　　●性別　男・女

●この教材で学習したあと、漢字検定を受検しましたか？
その結果を教えてください。

a. 受検した（合格）　b. 受検した（不合格）　c. 受検した（結果はまだわからない）　d. 受検していない・受検する予定がない　e. これから受検する・受検するつもりがある

●この教材で学習したことで、語彙力がついたと思いますか？

a. 思う　b. 思わない　c. どちらともいえない

●この教材で学習したことで、漢字・日本語への興味はわきましたか？

a. わいた　b. わかなかった　c. どちらともいえない

●この教材で学習したことで、学習習慣は身につきましたか？

ついた　b. つかなかった　c. どちらともいえない

●この教材で学習したことで、漢字への自信はつきましたか？

ついた　b. つかなかった　c. どちらともいえない

●この教材に満足しましたか？

非常に満足した　b. ある程度満足した　c. どちらともいえない
あまり満足しなかった　e. 全く満足しなかった

●この教材で満足したところを、具体的に教えてください。

（　　　　　　　　　　　　　　　　　　）

この教材で不満だったところを、具体的に教えてください。

（　　　　　　　　　　　　　　　　　　）

この教材と一緒に使った教材はありますか？
書籍名を教えてください。

（　　　　　　　　　　　　　　　　　　）

ご協力ありがとうございました。

校

10画

コウ

ぶしゅ	木	ぶしゅめい	きへん

ことばとつかいかた

校庭（こうてい）▲

小学校（しょうがっこう）

休校（きゅうこう）に なる

左

5画

サ
ひだり

ぶしゅ	工	ぶしゅめい	え たくみ

ことばとつかいかた

左足（ひだりあし）

左折（させつ）▲する

車（くるま）は 左（ひだり）がわを とおる

1 つぎの —せんの 漢字（かんじ）に よみがなを つけなさい。

① 五ひきの げん気な 犬。

② 火口（かこう）が 赤（あか）く 見える。

③ 大（おお）きな 口を あける。

④ 町（まち）に 五つの 学校が ある。

⑤ 車（くるま）は 左がわ通行（つうこう）だ。

2 漢字（かんじ）を □に かきなさい。

① あがる……□（さ）がる

② はな……□（くち）

③ ねこ……□（いぬ）

④ ほし……□（つき）

⑤ きく……□（み）る

3 つぎの 漢字(かんじ)の よみがなで 正(ただ)しい ほうの ばんごうに ○を つけなさい。

① 五｛1 いつ／2 ご｝この 玉。

② 空｛1 から／2 そら｝っぽだ。

③ たき火｛1 か／2 び｝に あたる。

④ 雨｛1 あめ／2 う｝天(てん)でも やる。

4 漢字(かんじ)を □に かきなさい。

① □(ご)さいの いもうとと シャボン□(だま)を つくる。

② □(こう)しゃの 入(い)り□(ぐち)は □(ひだり)に あります。

③ □(さ)右を よく □(み)る。

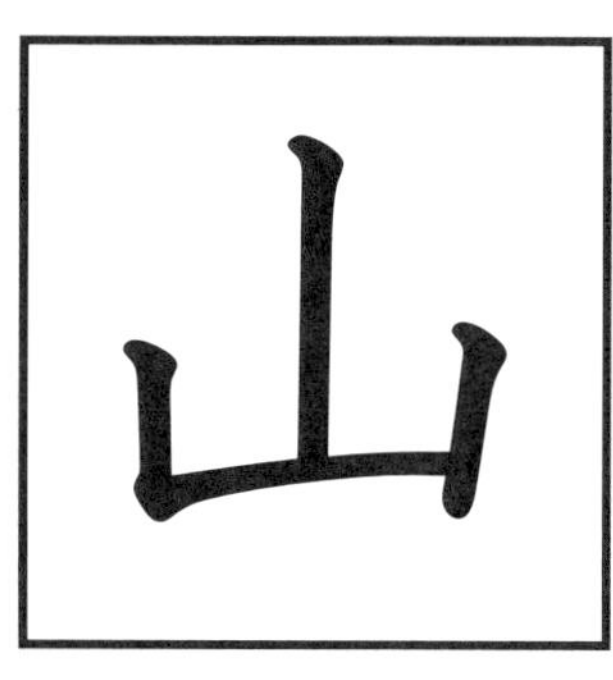

3画

サン
やま

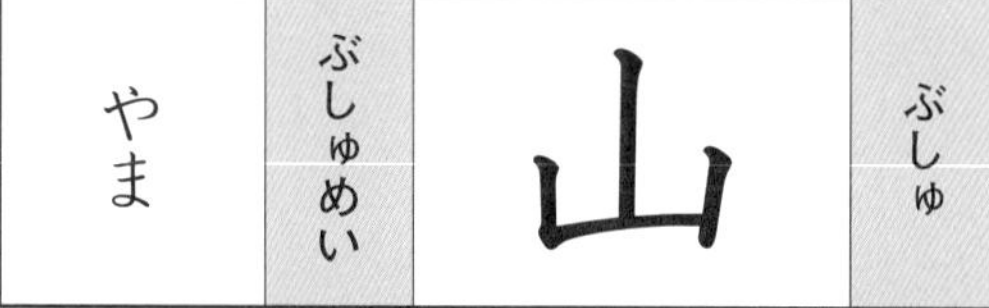

やま	ぶしゅめい	山	ぶしゅ

ことばとつかいかた

山林（さんりん）

火山（かざん）

山（やま）のぼりに　出（で）かける

3画（かく）

サン
み
み（つ）
みっ（つ）

いち	ぶしゅめい	一	ぶしゅ

ことばとつかいかた

三日月（みかづき）

三▲輪車（さんりんしゃ）

三月三日（さんがつみっか）は　ひなまつり

シ　ス　こ

3画

ぶしゅ	子	ぶしゅめい	こ

ことばとつかいかた

▲親子（おやこ）

男子（だんし）と　女子（じょし）

子（こ）どもたちが　あそぶ

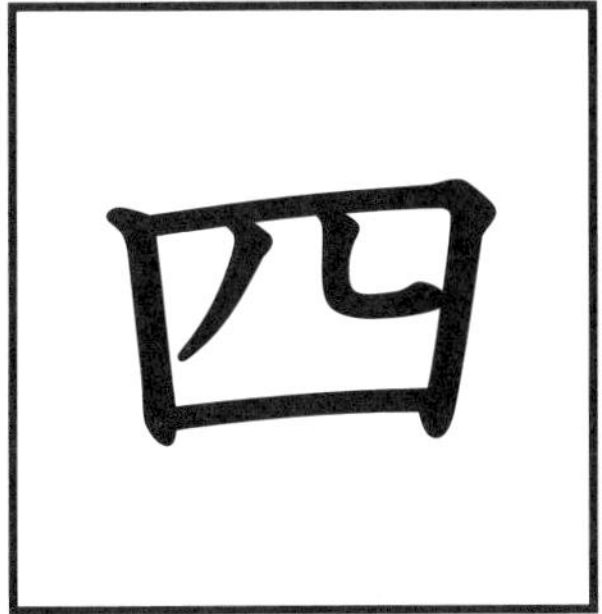

シ　よ　よ（つ）　よっ（つ）　よん

5画

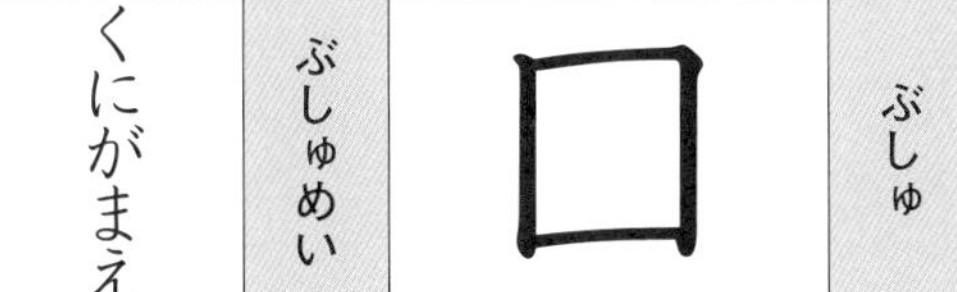

ぶしゅ	口	ぶしゅめい	くにがまえ

ことばとつかいかた

ごご四▲時（よじ）

四足（よんそく）の　くつ

四▲角（しかく）い　など

休（やす）みが　四日（よっか）　つづく

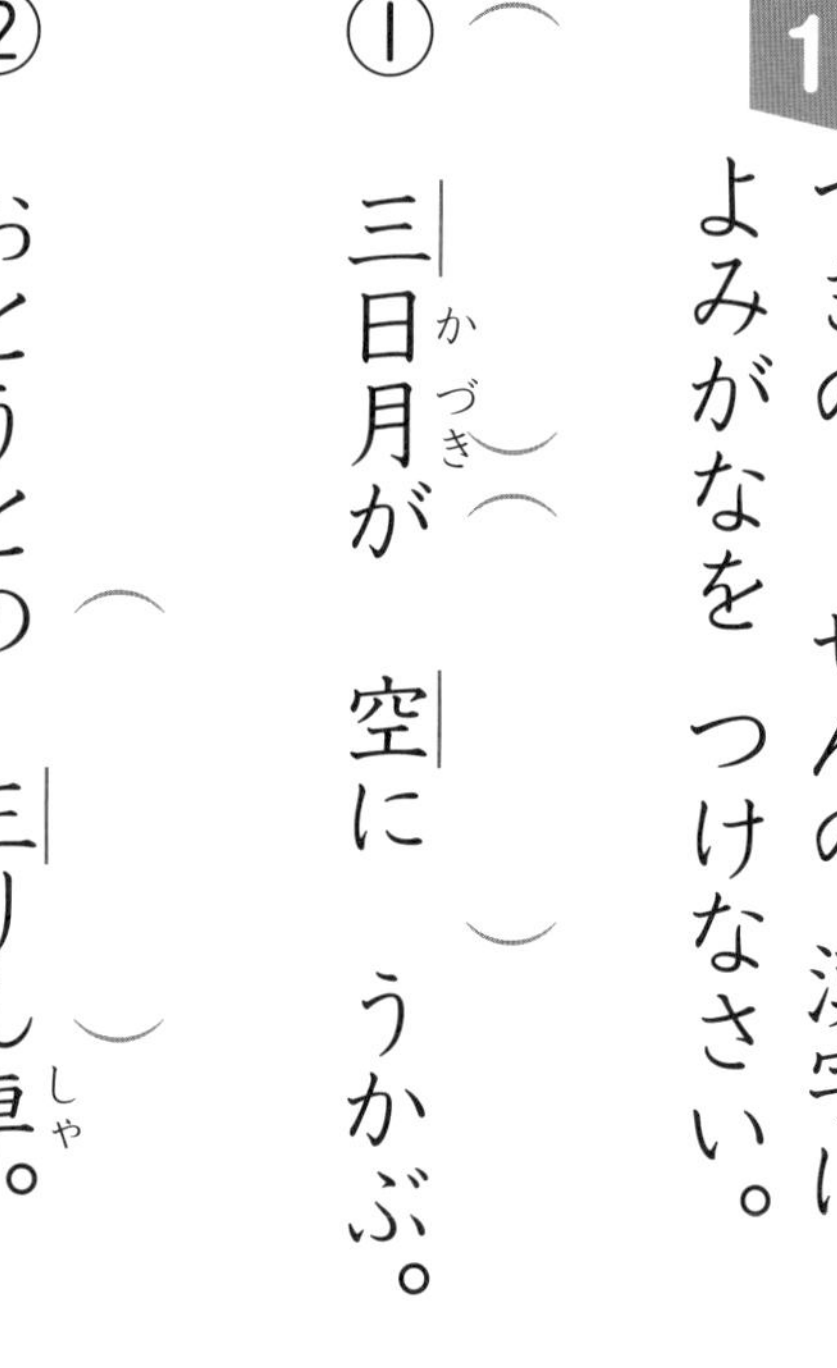

1 つぎの ―せんの 漢字（かんじ）に よみがなを つけなさい。

① 三日月（かづき）が 空に うかぶ。

② おとうとの 三りん車（しゃ）。

③ なつ休みに 山のぼりに いく。

④ 女（じょ）子が 五人（にん） きた。

⑤ 四じかんめは 音がくだ。

2 つぎの ―せんの 漢字（かんじ）に よみがなを つけなさい。

① 山ぞくが 山を 下りる。

② 王子さまが 子ねこを かう。

③ 四月に ともだちが 四人（にん） できた。

④ 大（おお）きい 犬を 番（ばん）犬と する。

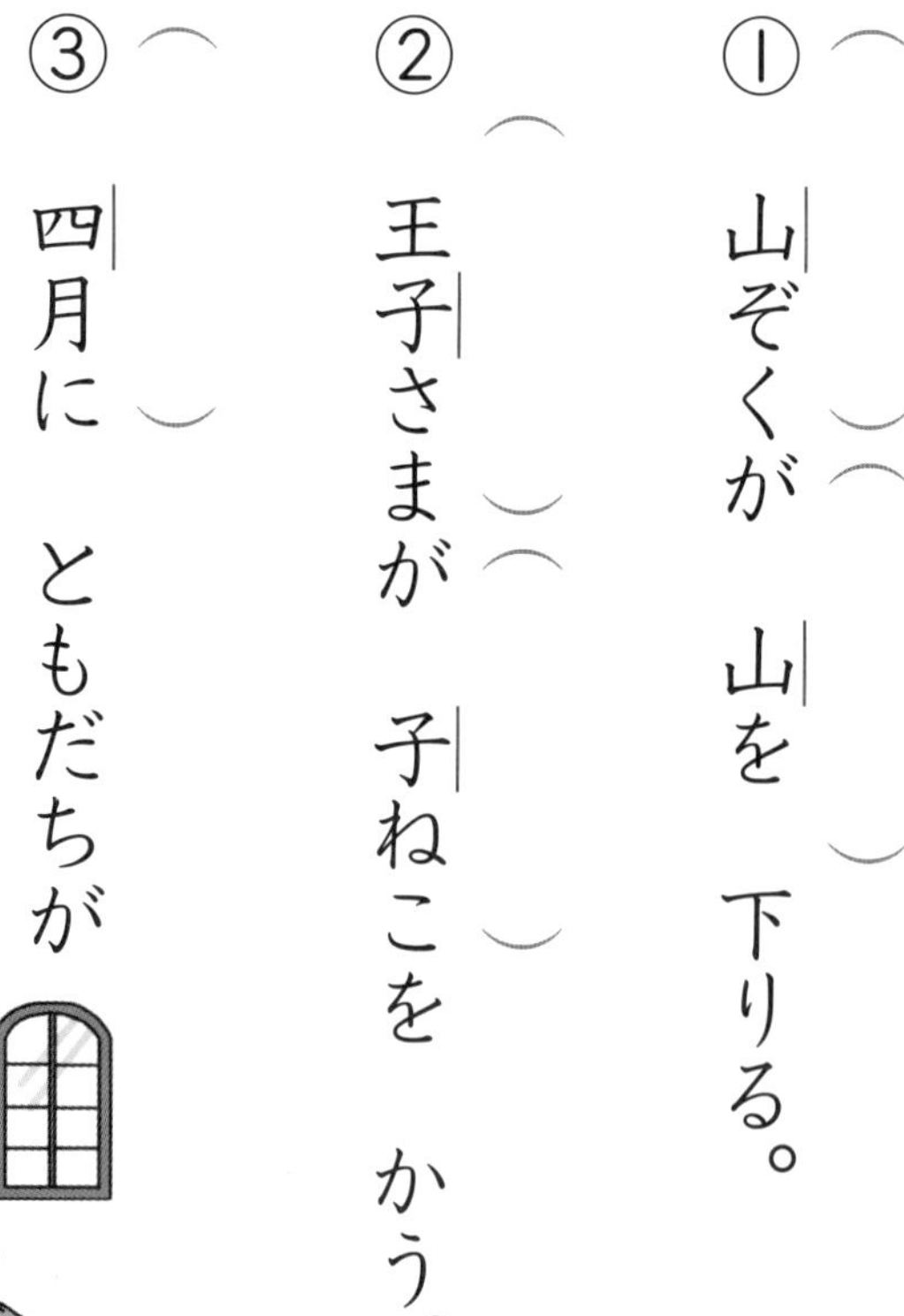

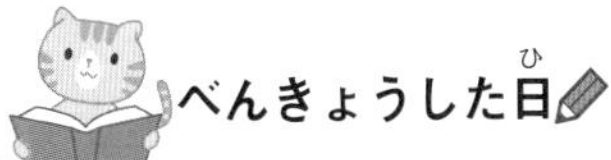
べんきょうした日(ひ)　　月　　日(にち)

3 つぎの 漢字(かんじ)の 白(しろ)い ところは なんばんめに かきますか。◯の 中(なか)に 数字(すうじ)を かきなさい。

① 左 ……（　）ばんめ

② 四 ……（　）ばんめ

③ 気 ……（　）ばんめ

④ 貝 ……（　）ばんめ

4 漢字(かんじ)を □に かきなさい。

① □(みっ)つ目(め)の かどを まがる。

② ふじ□(さん)は 日本一(にっぽんいち)の たかい □(やま)。

③ □(よっ)つの 男(おとこ)の □(こ)と □(よ)じまで あそんだ。

シ
いと

ぶしゅ	糸	ぶしゅめい	いと

ことばとつかいかた

糸(いと)でんわ

▲毛糸(けいと)

つり糸(いと)が からまる

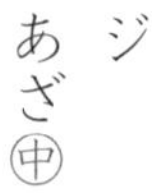

ジ
あざ㊥

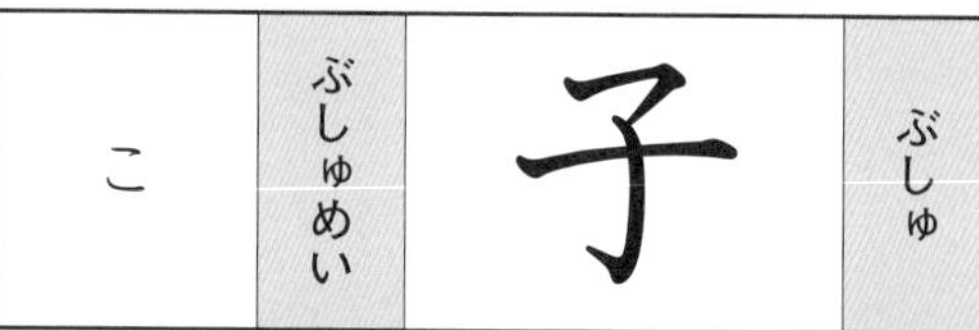

ことばとつかいかた

▲漢字(かんじ)

▲数字(すうじ)

字(じ)を 正(ただ)しく かく

ジ㊥
みみ

6画

ぶしゅ	耳	ぶしゅめい	みみ

ことばとつかいかた

耳(みみ)かざり

◎耳(じ)▲◎鼻(び)▲科(か)

耳(みみ)を すます

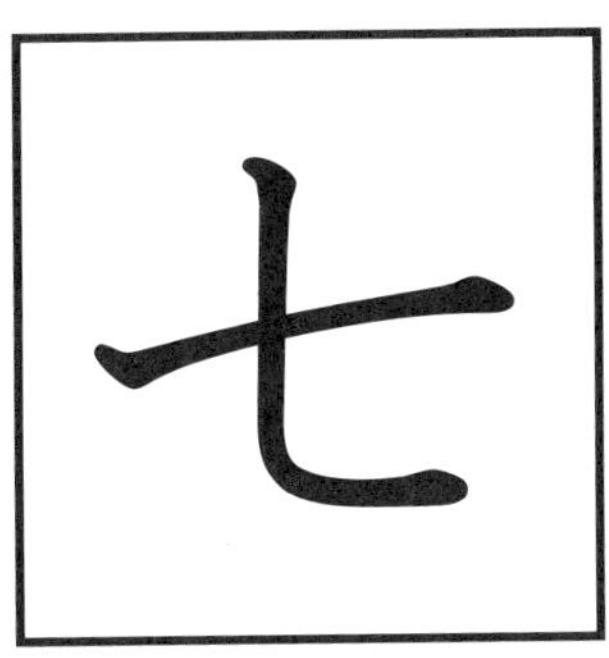

シチ
なな
なな（つ）
なの

ぶしゅ	一	ぶしゅめい	いち

ことばとつかいかた

七(なな)▲色(いろ)の にじ

ほしが 七(なな)つ

七(しち)月(がつ)七日(なのか)は

★七夕(たなばた)

1 つぎの ―せんの 漢字(かんじ)に よみがなを つけなさい。

① け糸の（　　）玉が（　　）ころがる。

② ていねいに かん字を（　　）かく。

③ 貝がら（　　）に 耳を（　　）あてる。

④ かわいい 七つ（　　）の 子が（　　）いる。

⑤ 七五三の（　　）おいわいを する。

2 ばらばらに なって いる 漢字(かんじ)を むすんで もとに もどし、□に かきなさい。

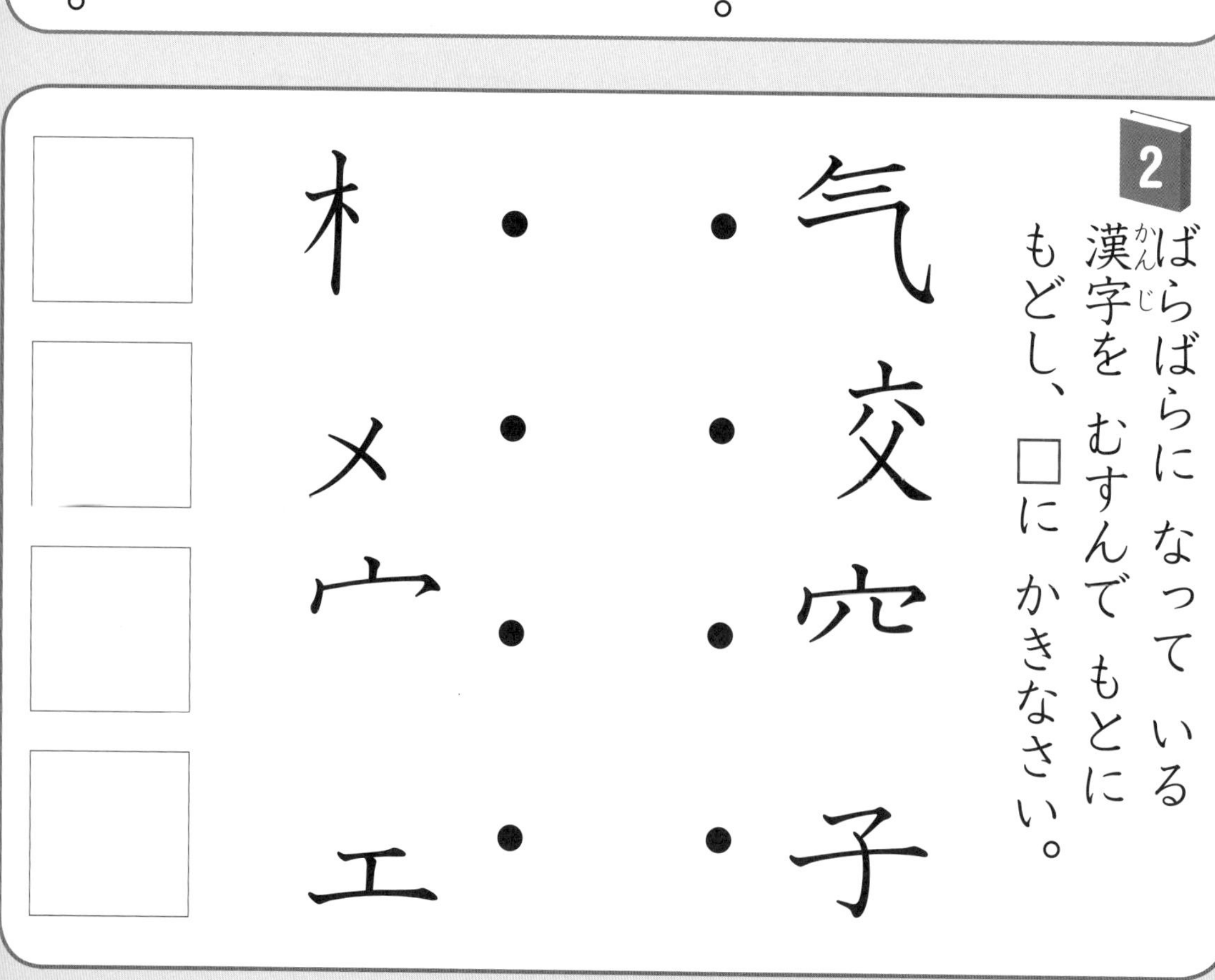

3

つぎの 漢字(かんじ)の 中(なか)には、「火」のように、四回(よんかい)で かく 漢字(かんじ)が 三つ あります。その 漢字(かんじ)を □に かきなさい。

火（①②③④）

口　円　四

五　九　月

□　□　□

4

漢字(かんじ)を □に かきなさい。

① □(いと)でんわを つくる。

② 大(おお)きな □(じ)の 本(ほん)。

③ □(あめ)の 音に □(みみ)を すます。

④ □(しち)じに おきる。

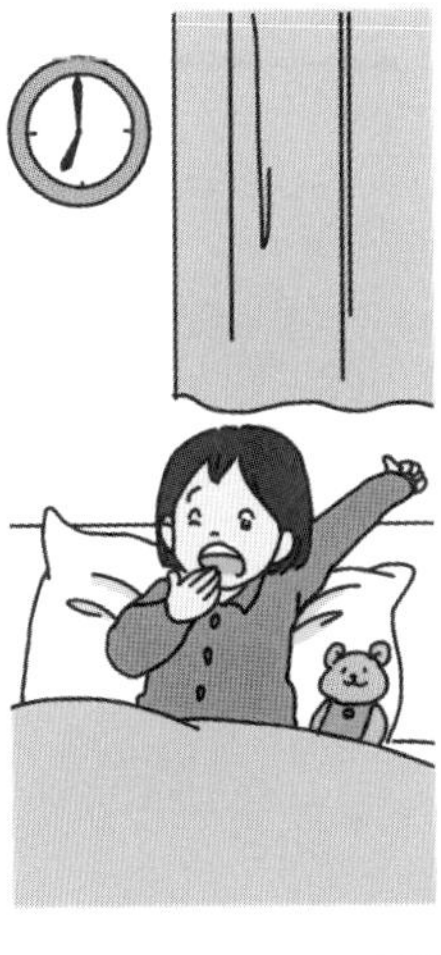

4画

シュ
て
た㊥

ぶしゅ	手	ぶしゅめい	て

ことばとつかいかた

手(て)がみ

◎手(た)▲綱(づな)

★上手(じょうず)

▲泳(およ)ぎが★下手(へた)だ

▲運(うん)▲転(てん)手(しゅ)

7画(かく)

シャ
くるま

ぶしゅ	車	ぶしゅめい	くるま

ことばとつかいかた

車(しゃ)▲庫(こ)

水車(すいしゃ)

車(くるま)に のる

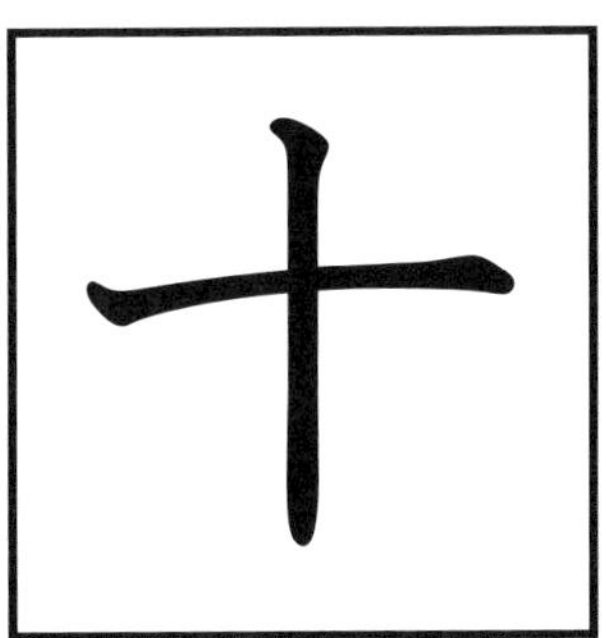

2画

ジュウ
ジッ
とお
と

ぶしゅ		ぶしゅめい	
ぶしゅ	十	ぶしゅめい	じゅう

ことばとつかいかた

赤十字(せきじゅうじ)

十円玉(じゅうえんだま)が 十(じっ/じゅっ)こ

十月十日(じゅうがつとおか)は うんどうかいだ

5画

シュツ
スイ㊥
で(る)
だ(す)

ぶしゅ		ぶしゅめい	
ぶしゅ	凵	ぶしゅめい	うけばこ

ことばとつかいかた

おもい出(で)

出発(しゅっぱつ)▲

スピードを 出(だ)す

1

つぎの ―せんの 漢字(かんじ)に よみがなを つけなさい。

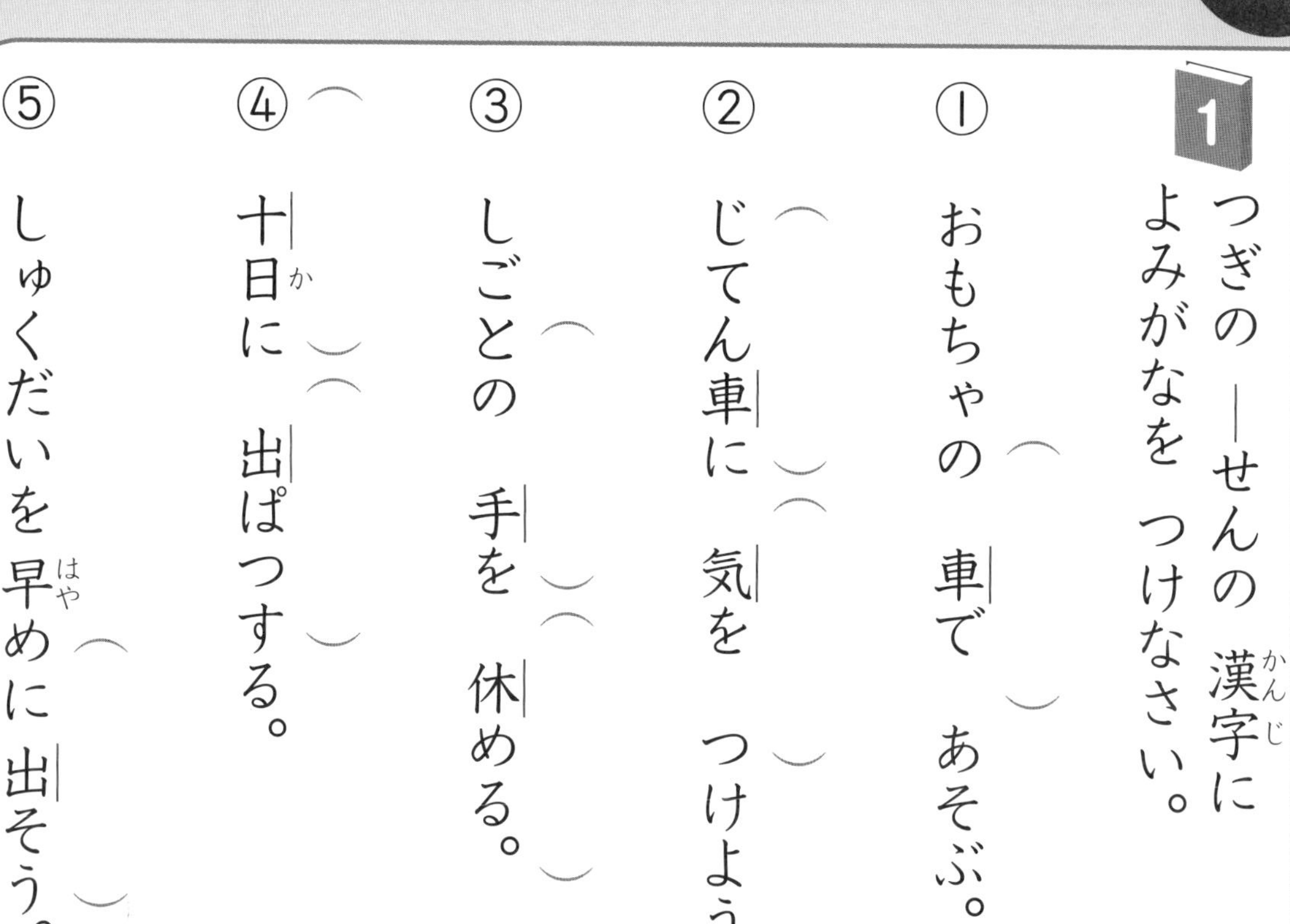

① おもちゃの 車（　）で あそぶ。

② じてん車（　）に 気（　）を つけよう。

③ しごとの 手（　）を 休（　）める。

④ 十日(か)（　）に 出（　）ぱつする。

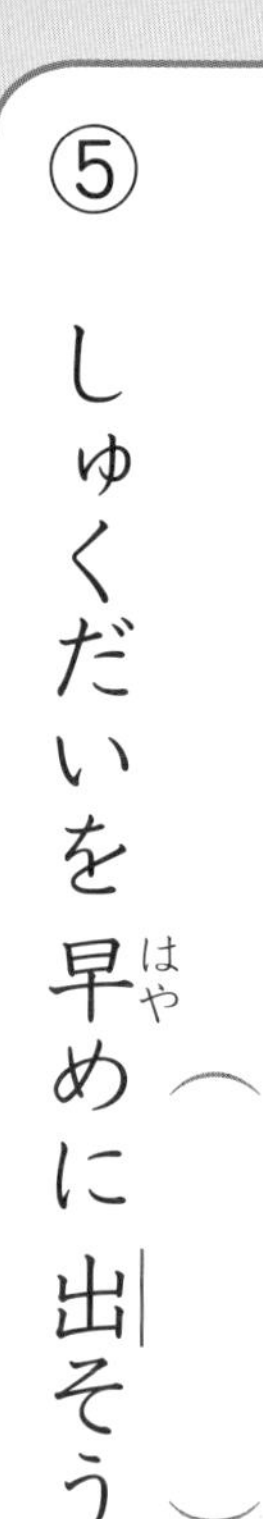

⑤ しゅくだいを 早(はや)めに 出（　）そう。

2

つぎの□に あてはまる 漢字(かんじ)を下の□から えらんで かきなさい。

① □(やま) と うみ

② はれと □(あめ)

③ □(て) と 足(あし)

④ 目(め)と □(みみ)

⑤ □(みぎ) と 左

雨	右	山	手	耳

3 漢字（かんじ）を□にかきなさい。

① 日よう日に □（くるま）で □（で）かける。

② バスの うんてん□（しゅ）が □（て）ぶくろを つける。

③ パンを □（じっ）こ かう。

4 漢字（かんじ）を□にかきなさい。

① でん□（しゃ）に のる。

② □□（じゅうえん）玉を □（て）じなで つかう。

③ □□（でぐち）は つうろの □（ひだり）がわだ。

ショウ
ちい（さい）
こ
お

ぶしゅ	小	ぶしゅめい	しょう

ことばとつかいかた

小石（こいし）

小川（おがわ）

小学生（しょうがくせい）

小さい（ちいさい） 字（じ）を よむ

ジョ
ニョ㊥
ニョウ㊒
おんな
め㊥

ぶしゅ	女	ぶしゅめい	おんな

ことばとつかいかた

女子（じょし）

王女（おうじょ）

◎女神（めがみ）▲

女（おんな）の 人（ひと）が 犬（いぬ）を だく

ジョウ
ショウ㊢
うえ・うわ・かみ
あ(げる)
あ(がる)
のぼ(る)
のぼ(せる)㊥
のぼ(す)㊥

3画

ぶしゅ	一	ぶしゅめい	いち

ことばとつかいかた

川上（かわかみ）　上（うえ）を 見（み）る

▲屋上（おくじょう）に 上（あ）がる

上（のぼ）りの ▲電車（でんしゃ）

シン
もり

12画

ぶしゅ	木	ぶしゅめい	き

ことばとつかいかた

森（もり）を さんぽする

森林（しんりん）

1

つぎの ―せんの 漢字(かんじ)に よみがなを つけなさい。

① 女(　)の 人(ひと)が 出(　)て きた。

② 三(　)びきの 小(　)さな 犬(　)。

③ 山(　)の 上(　)に 月(　)が 出(　)る。

④ 花(　)びんを もち上(　)げる。

⑤ 森林(りん)(　)で どんぐりを ひろう。

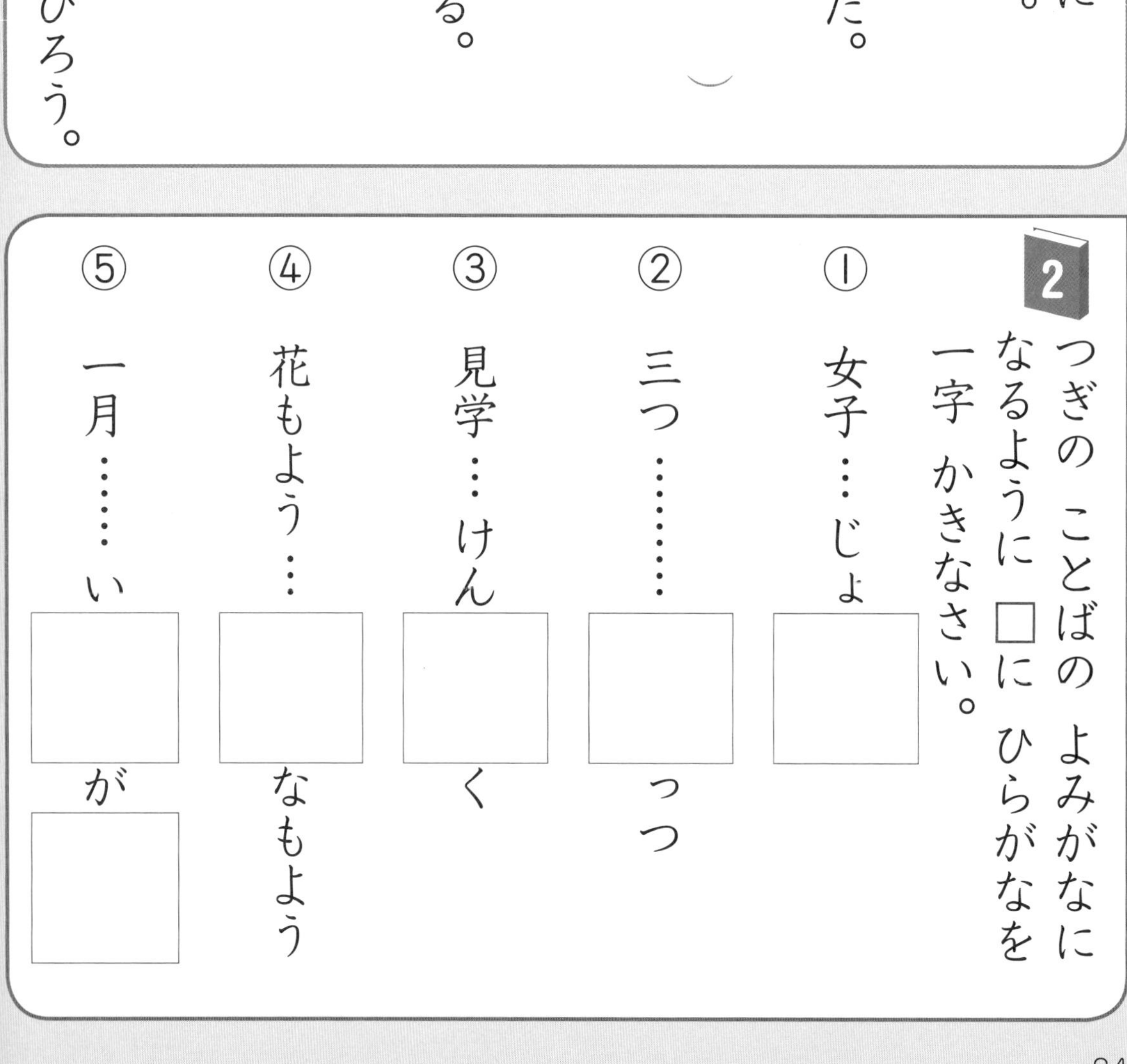

2

つぎの ことばの よみがなに なるように □に ひらがなを 一字 かきなさい。

① 女子……じょ□

② 三つ……□っつ

③ 見学……けん□く

④ 花もよう……□なもよう

⑤ 一月……い□が□

3 つぎの 漢字（かんじ）の よみがなで 正（ただ）しい ほうの ばんごうに ○を つけなさい。

① 上下（げ）
1 じょう
2 じょお

② 休日（じつ）
1 きゅう
2 きゆう

③ 七人（にん）
1 しち
2 ひち

④ 大（だい）小
1 しよう
2 しょう

4 漢字（かんじ）を □に かきなさい。

① □□（じょおう）さまが まどから □（て）を ふる。

② □（もり）から □（こ）鳥（とり）の さえずりが きこえる。

③ 屋（おく）□（じょう）に □（あ）がる。

1 つぎの ―せんの 漢字に よみがなを つけなさい。〈一つ2てん(20)〉

①（　）左がわに 車庫が（　）ある。

②（　）糸でんわを 耳に（　）あてる。

③（　）三日月が かおを 出す。（　）

④（　）子どもが 口ぶえを（　）ふく。

⑤（　）手に 十円玉を（　）にぎる。

2 つぎの ことばの よみがなに なるように □に ひらがなを 一字 かきなさい。〈一つ5てん(25)〉

① ふじ山…ふじ□ん

② 五月……□がつ

③ 左右……□ゆう

④ 四つ……□っつ

⑤ 大雨……お□あめ

とくてん　てん

3

つぎの 漢字(かんじ)の 白(しろ)い ところは なんばんめに かきますか。○の 中(なか)に 数字(すうじ)を かきなさい。〈一つ5てん（25）〉

① 字 …… ○ ばんめ

② 校 …… ○ ばんめ

③ 女 …… ○ ばんめ

④ 七 …… ○ ばんめ

⑤ 糸 …… ○ ばんめ

4

漢字(かんじ)を □に かきなさい。〈一つ5てん（30）〉

① □(こう)庭(てい)の すみに □(ちい)さな 花が さく。

② □(もり)や □(やま)を あるく。

③ □(おんな)の子たちが さか□(あ)がりを する。

ひとやすみ
クイズで
あそぼ！
②
かくすうの
おおい ほうに すすめ！
わかれみちの 二つの 漢字の うち、
かくすうの おおい ほうに すすみましょう。
うまく ゴールまで いけるかな？
スタート
山
字
左
手
車
口

こたえは 137ページに あります。

ジン
ニン
ひと

ことばとつかいかた

つりの 名人(めいじん)

人形(にんぎょう)▲ ★大人(おとな)

男(おとこ)の 人(ひと)が 三人(さんにん)

スイ
みず

ことばとつかいかた

水玉(みずたま)もよう

水中(すいちゅう)めがね

水道(すいどう)▲の 水(みず)を ためる

セイ
ショウ
ただ（しい）
ただ（す）
まさ

5画

ぶしゅ		ぶしゅめい	
	止		とめる

ことばとつかいかた

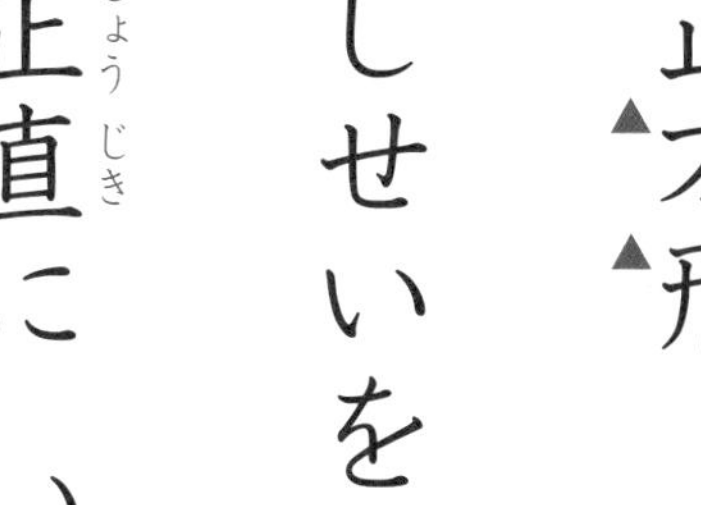

▲正方形(せいほうけい)　正(ただ)しい　こたえ

しせいを　正(ただ)す

▲正直(しょうじき)に　いう

セイ・ショウ
い（きる）・い（かす）
い（ける）
う（まれる）・う（む）
は（える）・は（やす）
なま
お（う）㊥
き㊥

5画

ぶしゅ		ぶしゅめい	
	生		うまれる

ことばとつかいかた

生(なま)たまご　たん生日(じょうび)

子(こ)が　生(う)まれる

ひげを　生(は)やした　先生(せんせい)

1 つぎの ―せんの 漢字(かんじ)に よみがなを つけなさい。

① うちの 車( ) は 五人( ) のりだ。

② 山( ) の おいしい 水( )。

③ 正( ) しい おこないを する 人( )。

④ 一生( ) わすれない おもい出( )。

⑤ にわに 草(くさ)が 生( ) えて きた。

2 つぎの ことばの よみがなに なるように □に ひらがなを 一字 かきなさい。

① 水車……□い□や

② くつ下……くつ□た

③ 金いろ……き□いろ

④ まん月……まんげ□

⑤ 九こ……□ゆうこ

3 漢字（かんじ）を□に かきなさい。

① ちちは □（て）じなの 名（めい）□（じん）だ。

② □（もり）で □（い）きる どうぶつを しらべる。

③ ちえを □（まな）ぶ。

4 漢字（かんじ）を□に かきなさい。

① 三□（にん）で あそぶ。

② □（すい）よう日（び）は □（あめ）だった。

③ お□（しょう）月の したく。

④ きそく□（ただ）しい □（せい）活（かつ）。

セイ
ショウ㊫
あお
あお（い）

8画（かく）

ぶしゅ		ぶしゅめい	
青		あお	

ことばとつかいかた

青虫（あおむし）

青年（せいねん）

青い（あお）　うみを　ながめる

セキ㊥
ゆう

3画

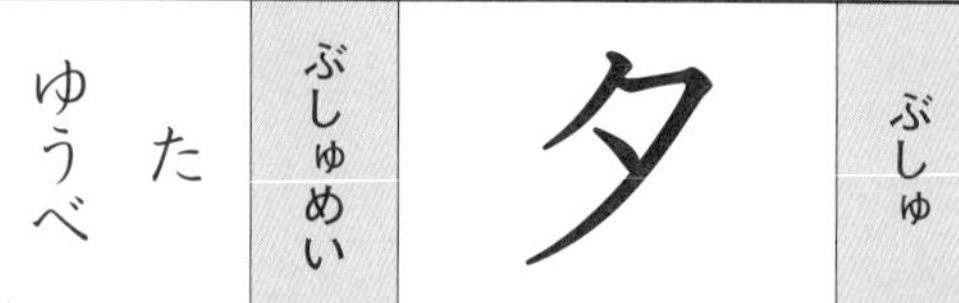

ぶしゅ		ぶしゅめい	
夕		た	ゆうべ

ことばとつかいかた

夕日（ゆうひ）　　夕やけ（ゆう）

★七夕（たなばた）

夕立（ゆうだち）に　あう

セキ
シャク
コク㊥
いし

5画

ぶしゅ	石	ぶしゅめい	いし

ことばとつかいかた

石油(せきゆ)▲ストーブ

じ石(しゃく)

円(まる)い 石(いし)を ひろう

セキ
シャク㊫
あか
あか(い)
あか(らむ)
あか(らめる)

7画

ぶしゅ	赤	ぶしゅめい	あか

ことばとつかいかた

赤(あか)ちゃん

赤飯(せきはん)▲

空(そら)が 赤(あか)く そまる

1 つぎの ―せんの 漢字(かんじ)に よみがなを つけなさい。

① 青年(ねん)が 四人 いる。

② 夕がたから 出かける。

③ 石の 上にも 三年(ねん)。

④ 赤とんぼが 空を とぶ。

⑤ 赤十字の 車が とおる。

2 つぎの 漢字(かんじ)の かきはじめは どこですか。〇の 中(なか)に その ばんごうを かきなさい。

生 (①②③④⑤)

小 (①②③)

上 (①②③)

〇

3

ばらばらに なって いる 漢字(かんじ)を むすんで もとに もどし、□に かきなさい。

山・　・木

林・　・一

止・　・中

□
□
□

4

漢字(かんじ)を □に かきなさい。

① □(あお)空を □(み)上げる。

② □(ゆう)立(だち)で どうろが □(みず)びたしに なる。

③ □(せき)たんを もやす。

④ □(あか)い □(はな)を かう。

セン
ち

3画(かく)

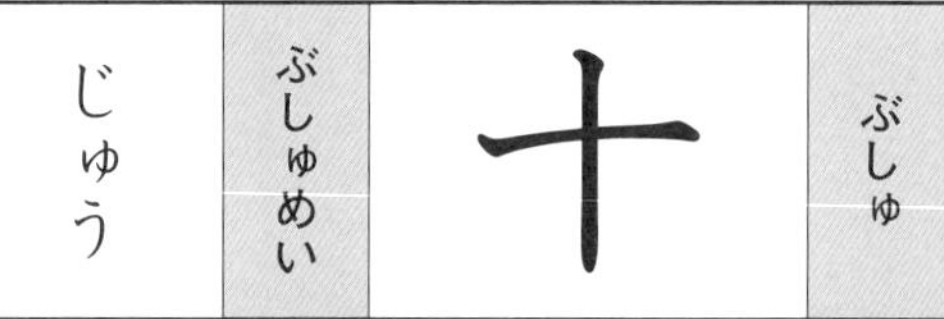

ぶしゅ	十	ぶしゅめい	じゅう

ことばとつかいかた

千円(せんえん)さつ

千本(せんぼん)ざくら

▲千代(ちよ)がみで　つるを　おる

セン㊥
かわ

3画

ぶしゅ	川	ぶしゅめい	かわ

ことばとつかいかた

川下(かわくだ)り

天(あま)の川(がわ)

▲河川(かせん)◎

川(かわ)むこうの　村(むら)に　すむ

セン
さき

ぶしゅ	儿	ぶしゅめい	ひとあし にんにょう

ことばとつかいかた

つま先(さき)

先月(せんげつ)

先(さき)を あらそう

ソウ
サッ㊥
はや(い)
はや(まる)
はや(める)

ぶしゅ	日	ぶしゅめい	ひ

ことばとつかいかた

早足(はやあし)

▲早朝(そうちょう)れんしゅう

早(はや)めに 学校(がっこう)へ いく

1 つぎの ―せんの 漢字(かんじ)に よみがなを つけなさい。

① 千人(　　)もの 人(　　)が あつまった。

② 川(　　)の つめたい 水(　　)。

③ 先(　　)とうを ゆく 赤(　　)い 車。

④ 休日(じつ)(　　)も 早(　　)おきを する。

⑤ かぜで 早(　　)退(たい)する。

2 つぎの □に あてはまる 漢字(かんじ)を 下の □から えらんで かきなさい。

① 赤と □(あお)

② □(かわ)と うみ

③ あさと □(ゆう)

④ □(きん)と ぎん

⑤ 百(ひゃく)と □(せん)

青　夕　千　金　川

3 つぎの ―せんの 漢字（かんじ）に よみがなを つけなさい。

① 正方形（ほうけい）を（　） 正しく（　） かく。

② 青い（　） ネクタイを しめた 青年（ねん）に（　） 出あった。

③ 先月（　） ゆび先に（　） けがを した。

④ 千代（よ）が（　） みで 千羽（ば）づる（　）を おる。

4 漢字（かんじ）を □に かきなさい。

① □（せん）円の □（はな）たば。

② □（かわ）の □（いし）を ひろう。

③ □（せん）生の はなしを きく。

④ □（はや）足（あし）で □（さき）に □（がっ）校へ いく。

ソウ
くさ

ぶしゅ		ぶしゅめい	
ぶしゅ	艹	ぶしゅめい	くさかんむり

ことばとつかいかた

草（くさ）むら

草原（そうげん）　▲（くさはら）

田（た）んぼの 草（くさ）とりを する

ソク
あし
た（りる）
た（る）
た（す）

ぶしゅ		ぶしゅめい	
ぶしゅ	足	ぶしゅめい	あし

ことばとつかいかた

足（あし）くび

▲遠足（えんそく）

力（ちから）が 足（た）りない

ソン
むら

7画

ぶしゅ		ぶしゅめい	
ぶしゅ	木	ぶしゅめい	きへん

ことばとつかいかた

村(むら)まつり

▲市町村(しちょうそん)

となり村(むら)の ▲村長(そんちょう)さん

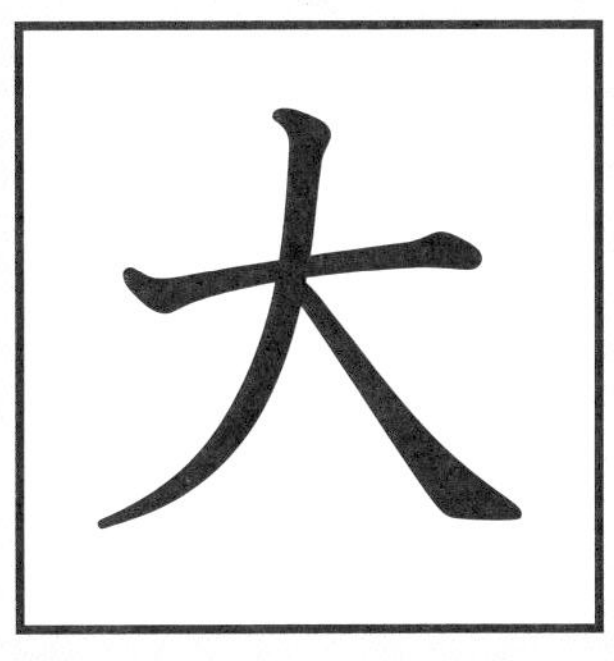

ダイ
タイ
おお
おお（きい）
おお（いに）

3画

ぶしゅ		ぶしゅめい	
ぶしゅ	大	ぶしゅめい	だい

ことばとつかいかた

大男(おおおとこ)　大学生(だいがくせい)

マラソン大会(たいかい)▲

口(くち)を 大(おお)きく あける

1 つぎの ―せんの 漢字(かんじ)に よみがなを つけなさい。

① ひろい 草（　）げんを あるく。

② 足（　）しざんは とくいだ。

③ となり村（　）まで 足（　）を のばす。

④ ぞうの 大（　）きな 耳（　）。

⑤ 人（　）の 気もちを 大（　）せつに する。

2 つぎの 漢字(かんじ)の 白(しろ)い ところは おわりに かきます。なんばんめに かくか、○の 中(なか)に 数字(すうじ)を かきなさい。

① 水 …… ○ばんめ

② タ …… ○ばんめ

③ 草 …… ○ばんめ

④ 足 …… ○ばんめ

3 漢字（かんじ）を□に かきなさい。

① □（くさ）むらで □（やす）む。

② □（あし）くびを まわす。

③ □（むら）まつりに いく。

④ □（だい）事（じ）な ところに

□（あか）で せんを ひく。

4 漢字（かんじ）を□に かきなさい。

① にわの □（くさ）を ぬいた。

② くつ□（した）を一 □（そく）かう。

③ □（そん）長（ちょう）さんは □（はや）口だ。

④ この □（あお）い □（いし）は

とても □（おお）きい。

男

ダン
ナン
おとこ

ぶしゅ		ぶしゅめい	
	田		た

ことばとつかいかた

男女（だんじょ）

▲長男（ちょうなん）

男（おとこ）の子（こ）が　ねむって　いる

チク
たけ

ことばとつかいかた

竹（たけ）とんぼ

竹林（ちくりん／たけばやし）

竹（たけ）うまに　のる

チュウ
ジュウ
なか

ぶしゅ	丨	ぶしゅめい	ぼう たてぼう

ことばとつかいかた

中(なか)ゆび

空中(くうちゅう)　一日中(いちにちじゅう)

ポケットの 中(なか)を 見(み)る

チュウ
むし

ぶしゅ	虫	ぶしゅめい	むし

ことばとつかいかた

虫(むし)▲歯(ば)

かぶと虫(むし)

こん虫(ちゅう)を かんさつする

1 つぎの ―せんの 漢字(かんじ)に よみがなを つけなさい。

① 足(　　)の ながい 男(　　)の 人(　　)。

② 男子(　　)が 水(　　)たまりで あそぶ。

③ 竹(　　)うまに のった 女(　　)の子。

④ 音(　　)がくしつの まん中(　　)に たつ。

⑤ 花(　　)だんで 虫(　　)を 見つける。

2 漢字(かんじ)を □に かきなさい。

① 花……□(くさ)

② そと…□(なか)

③ うめ…□(たけ)

④ 土(つち)……□(いし)

⑤ ふね…□(くるま)

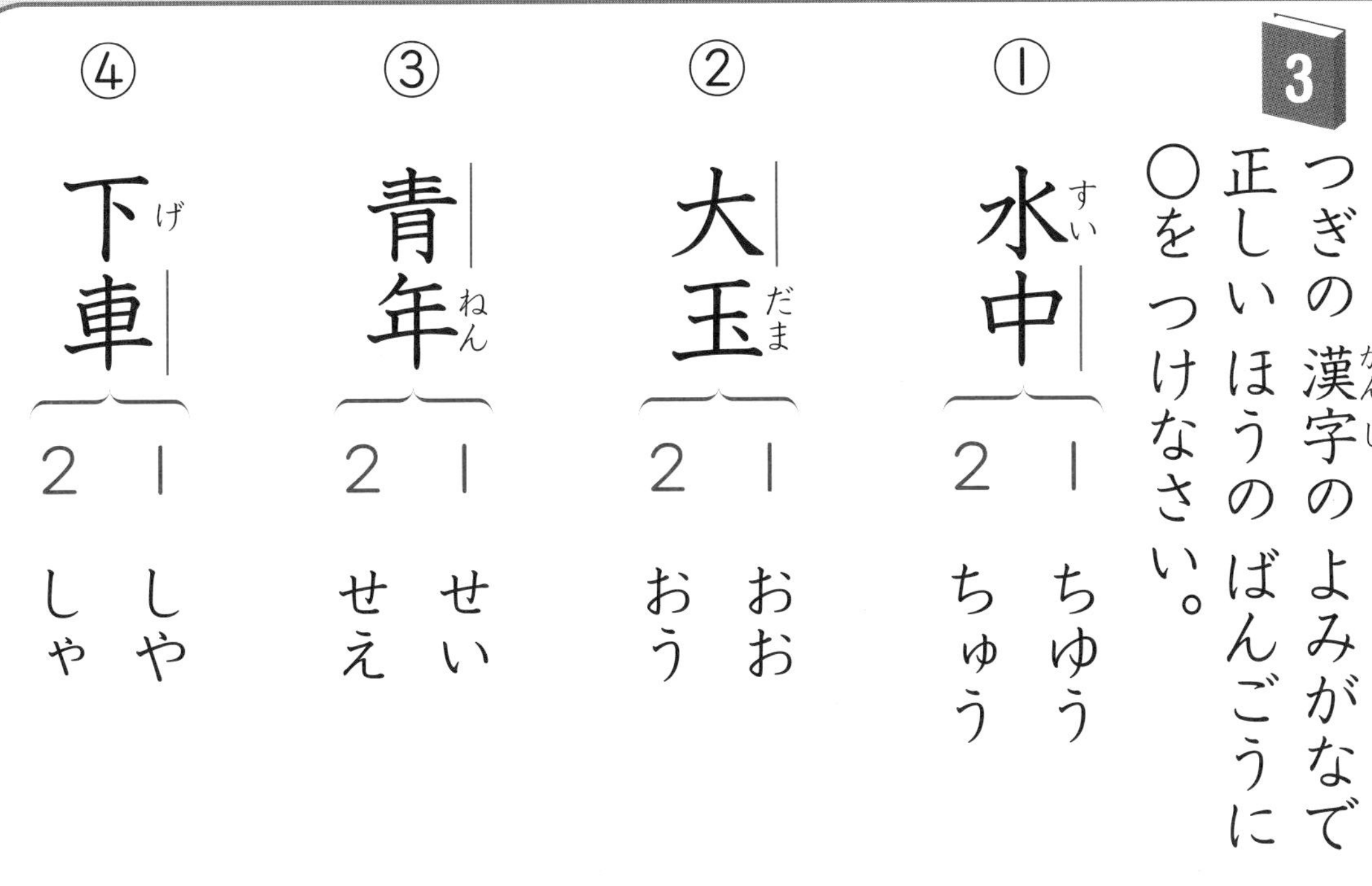

3 つぎの 漢字（かんじ）の よみがなで 正しい ほうの ばんごうに ○を つけなさい。

① 水（すい）中
1 ちゆう
2 ちゅう

② 大玉（だま）
1 おお
2 おう

③ 青年（ねん）
1 せい
2 せえ

④ 下（げ）車
1 しや
2 しゃ

4 漢字（かんじ）を □に かきなさい。

① □（おとこ）の子が はしる。

② その□（さき）は□（たけ）やぶだ。

③ 町（まち）の□（ちゅう）心（しん）に えきが ある。

④ □（むし）かごの□（なか）に こん□（ちゅう）が 五ひき いる。

1 つぎの ―せんの 漢字に よみがなを つけなさい。〈一つ2てん（20）〉

① 大きな（　） 円い（　） 石を さがす。

② 先生は（　） おきるのが 早い。（　）

③ 村に（　） 青い（　） はたを 立てる。

④ 赤ちゃんが（　） 生まれる。（　）

⑤ 竹やぶから（　） 虫が（　） とび出す。

2 □に あてはまる 漢字を 下の □から えらんで かきなさい。〈一つ3てん（30）〉

① □ おとこ ― □ おんな

② □ おお きい ― □ ちい さい

③ □ ひ ― □ みず

④ □ やま ― □ かわ

⑤ □ て ― □ あし

火	小	大	足	水
男	女	手	山	川

100 80  50

とくてん　　てん

3 つぎの ことばの よみがなに なるように □に ひらがなを 一字 かきなさい。〈一つ4てん（20）〉

① お月さま……お□きさま

② お金……お□ね

③ 草花……□さばな

④ 九人……きゅう□ん

⑤ 男子……□んし

4 漢字を □に かきなさい。〈一つ5てん（30）〉

① □(そう)原に しずむ □(ゆう)日。

② □(せん)円さつを

さいふの □(なか)に しまう。

③ □(ただ)しい こたえを □(ひと)に おしえる。

③ なぞ？ なぞ？ 漢字

漢字の いちぶを えに すると、
ふしぎな 字の できあがり。
さて、なんという 漢字でしょう。

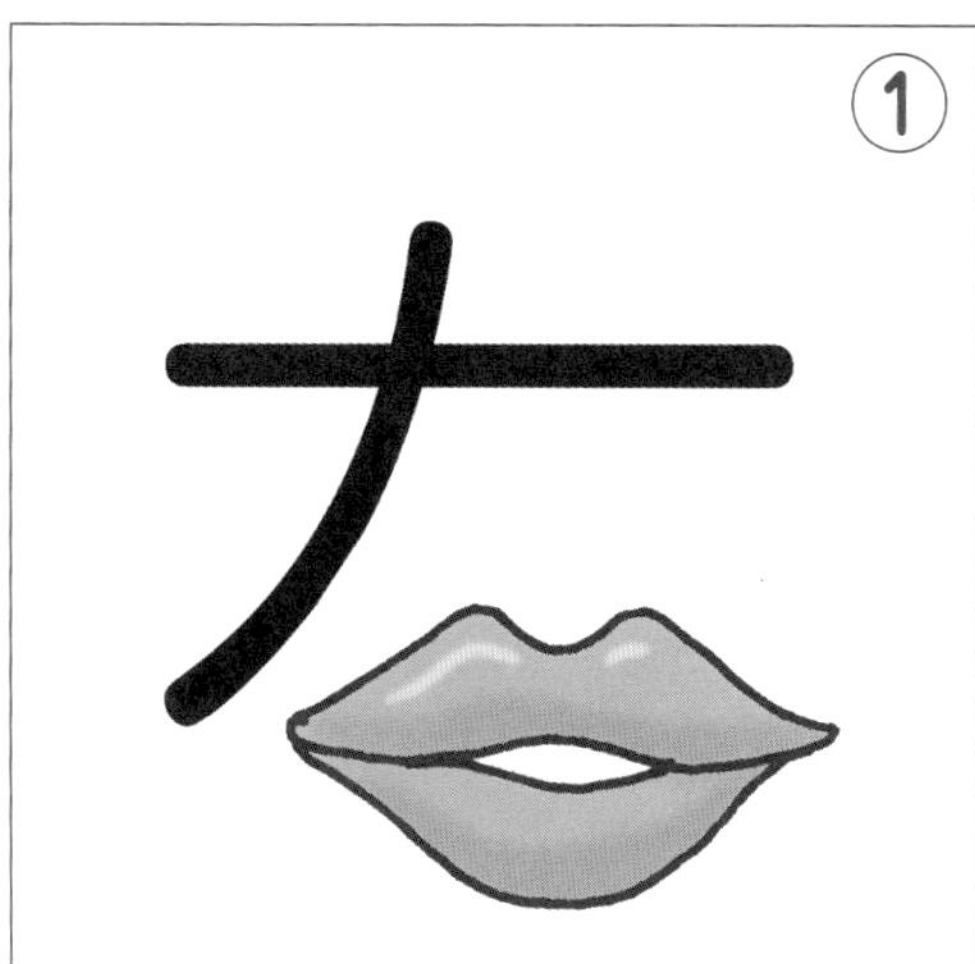

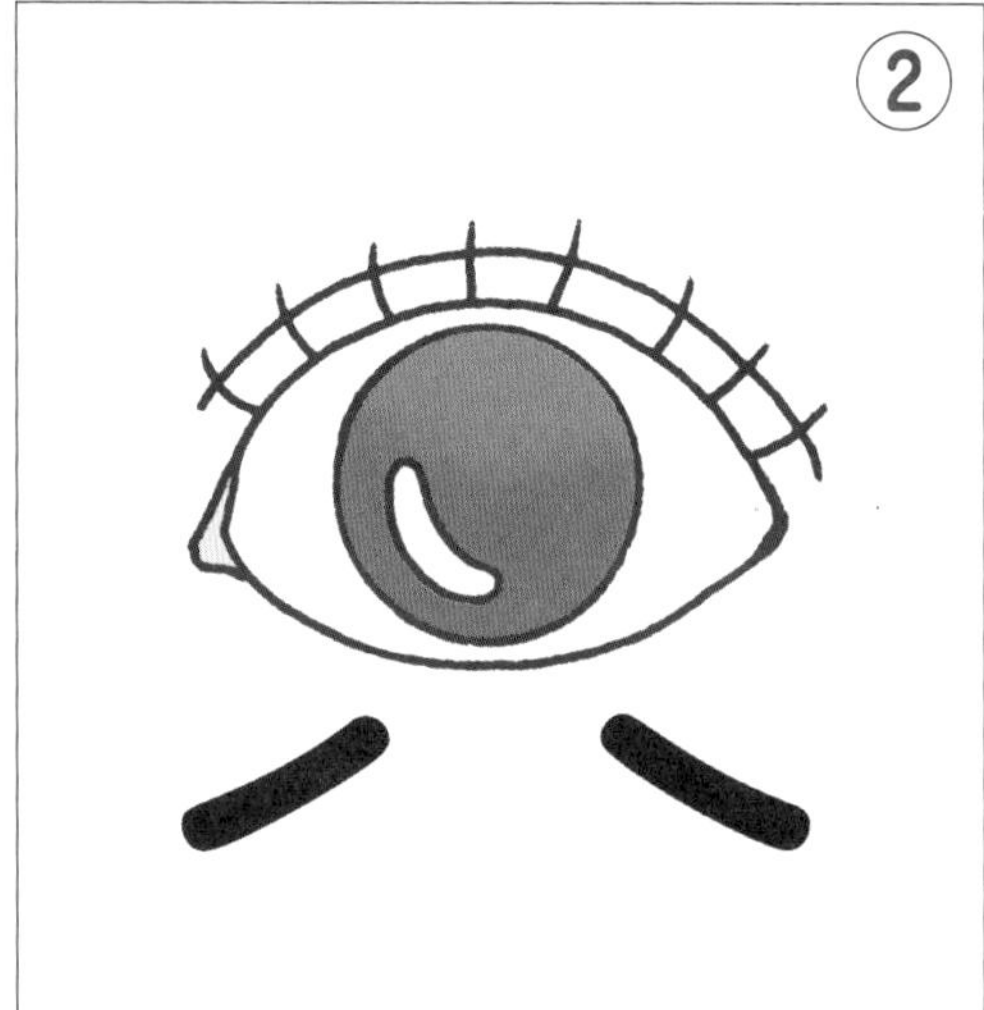

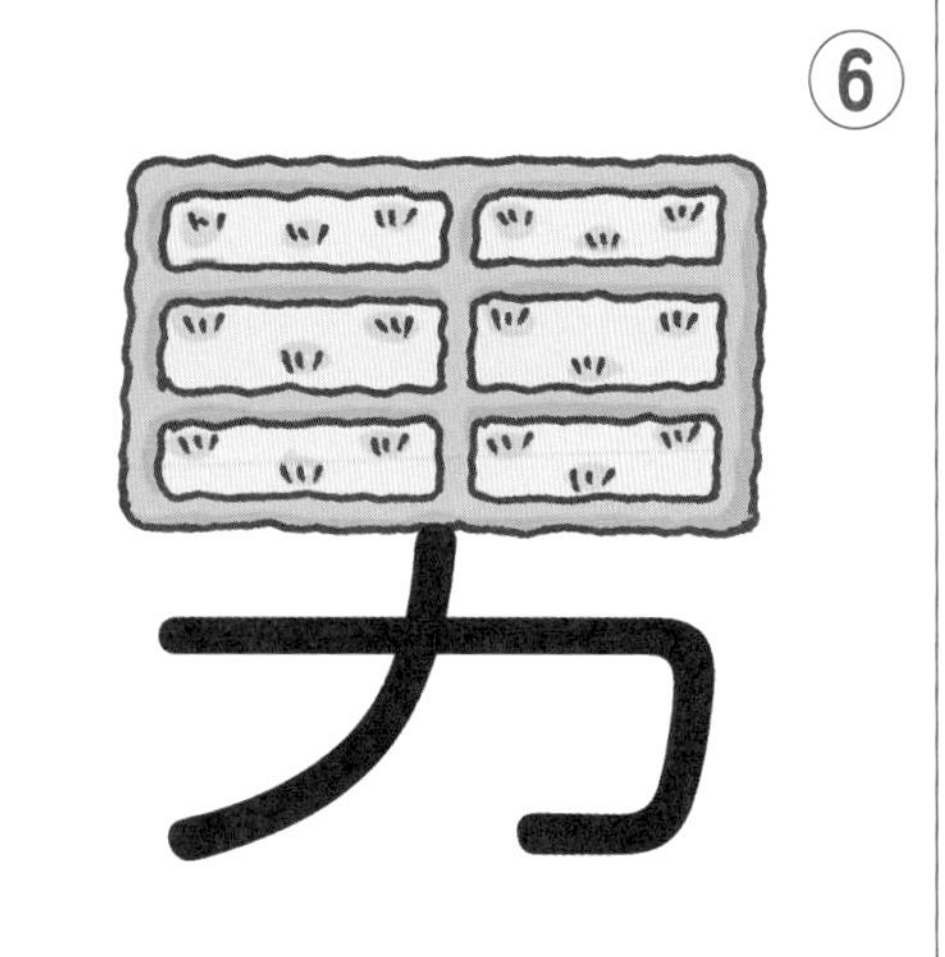

④

こたえは 137ページに あります。

なるほど！ ものしりコーナー

② 漢字・ひらがなの ルーツ

どうやって 字は 生まれたのかな？

ものの かたちを うつしとった ものが、漢字の はじまりです。ひらがなは、漢字を くずして 生まれました。

7画(かく)

チョウ
まち

ぶしゅ	田	ぶしゅめい	たへん

ことばとつかいかた

町(まち)はずれ

下町(したまち)

▲町内(ちょうない)の　おみこしが　出(で)る

4画

テン
あめ㊭
あま

ぶしゅ	大	ぶしゅめい	だい

ことばとつかいかた

天国(てんごく)▲

天(てん)ぷら

天(あま)の川(がわ)が　きれいだ

5画

デン
た

ぶしゅ	田	ぶしゅめい	た

ことばとつかいかた

水田（すいでん）

▲田園（でんえん）ふうけい

田（た）んぼに 水（みず）を ひく

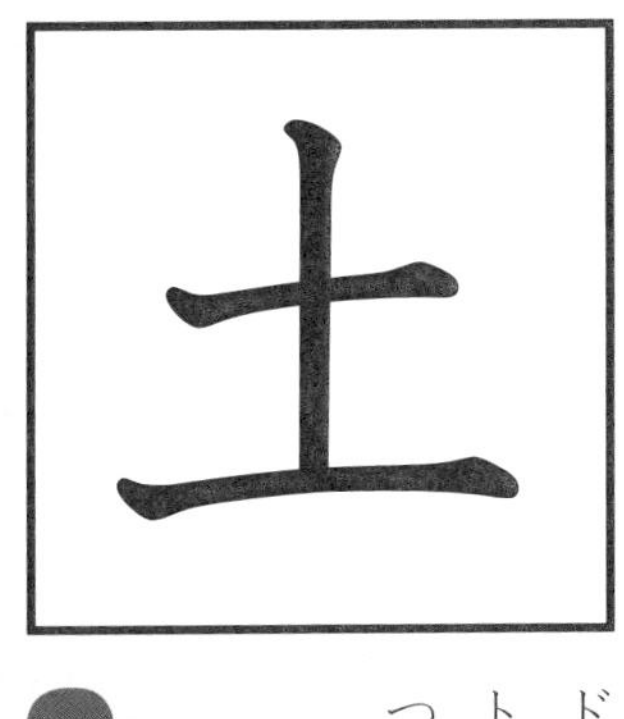

3画

ド
ト
つち

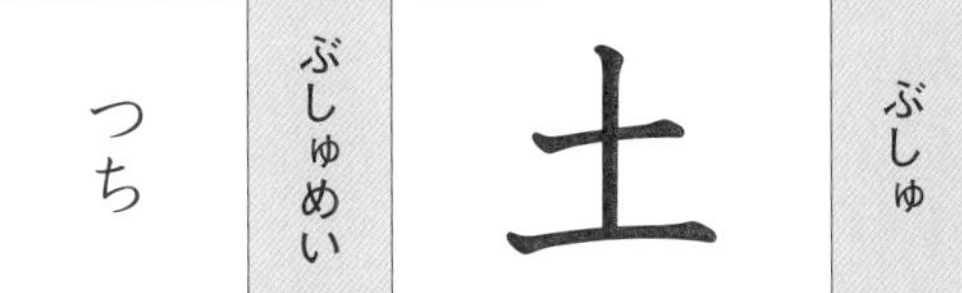

ぶしゅ	土	ぶしゅめい	つち

ことばとつかいかた

土（つち）あそび

▲土地（とち）

ねん土（ど）で 犬（いぬ）を つくる

1 つぎの ―せんの 漢字(かんじ)に よみがなを つけなさい。

① 町（　　）はずれに 竹林(りん)（　　）が ある。

② 町立(りつ)（　　）の 中学校（　　）に かよう。

③ 天（　　）の川が ま上（　　）に 見える。

④ 海底(かいてい)の 油田(ゆ)（　　）を ほる。

⑤ ねん土（　　）に 水（　　）を くわえる。

2 つぎの 漢字(かんじ)の 白(しろ)い ところは なんばんめに かきますか。○の 中に 数字(すうじ)を かきなさい。

① 男……（　）ばんめ

② 中……（　）ばんめ

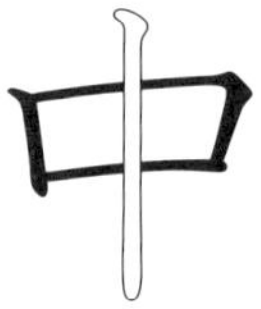

③ 田……（　）ばんめ

④ 土……（　）ばんめ

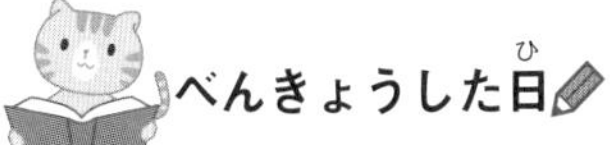

3 つぎの ―せんの 漢字(かんじ)に よみがなを つけなさい。

① 土よう日(び)に 花だんの 土を 入(い)れる。

② その 村の 先に もっと 小さな 農村(のうそん)が ある。

③ かぶと虫の よう虫が いる。

4 漢字(かんじ)を □に かきなさい。

① となり □(まち)の 川に □(みず)あそびに いく。

② □□(てんき)よほうは はれ。

③ □(た)んぼの わきの □□(どて)を あるく。

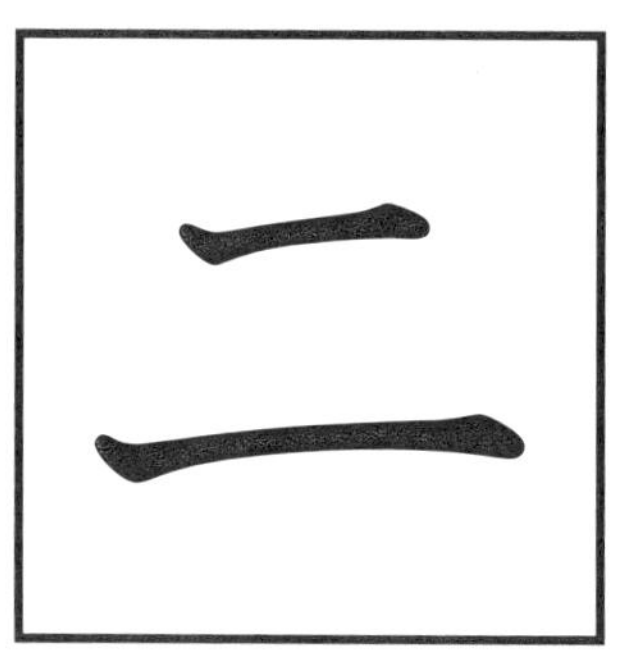

二

ニ
ふた
ふた（つ）

2画（かく）

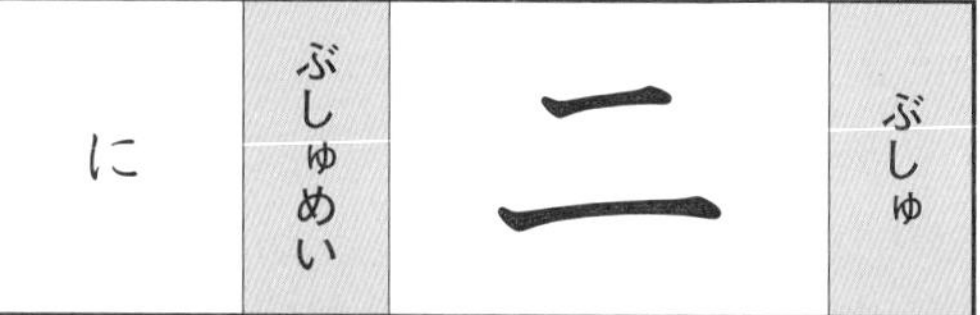

ぶしゅ		ぶしゅめい	
	二		に

ことばとつかいかた

二年生（にねんせい）

二月（にがつ）★二日（ふつか）

★二十日（はつか）

★二人（ふたり）

クッキーを 二（ふた）つに わる

日

ニチ
ジツ
ひ
か

4画

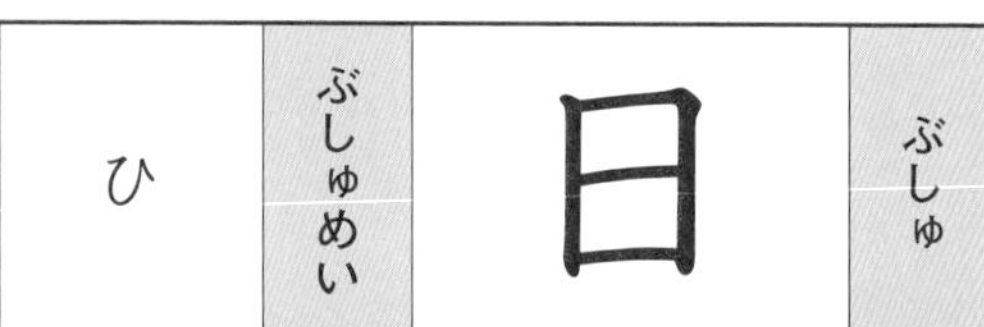

ぶしゅ		ぶしゅめい	
	日		ひ

ことばとつかいかた

日（ひ）やけ

休日（きゅうじつ）

▲今月（こんげつ）の 十日（とおか）は 日（にち）▲曜日（ようび）だ

ニュウ
い(る)
い(れる)
はい(る)

2画

ぶしゅ		ぶしゅめい	
	入		いる

ことばとつかいかた

手入(てい)れ

立(た)ち入(い)りきんし

▲入場(にゅうじょう)けんを もって 入(はい)る

ネン
とし

6画

ぶしゅ		ぶしゅめい	
	干		かん いちじゅう

ことばとつかいかた

お年(とし)より

一年(いちねん)▲間(かん)

あねは 二(ふた)つ 年上(としうえ)だ

1 つぎの ―せんの 漢字(かんじ)に よみがなを つけなさい。

① こん虫(　　)を 二(　　)ひき つかまえた。

② 今月(こんげつ)の 九日(ここの)(　　)は 日(　　)よう日だ。

③ 赤い 虫(　　)が まどから 入(　　)った。

④ 入学(　　)して 一年生(　　)に なった。

⑤ あの 子は 年(　　)が 二(　　)つ 上だ。

2 つぎの 漢字(かんじ)の 正しい よみがなで ほうの ばんごうに ○を つけなさい。

① 雨が 四日(よっ)(1 にち　2 か) つづいた。

② ぼくは 長男(ちょう)(1 なん　2 だん) です。

③ この 本(ほん)は ちちの お気に入(1 はい　2 い)りだ。

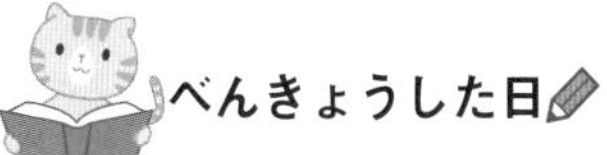

3

つぎの漢字(かんじ)の中には、「先」のように、六回(ろっかい)でかく漢字(かんじ)が三つあります。その漢字(かんじ)を□にかきなさい。

先（①〜⑥）

虫　町　村

男　竹　年

□　□　□

4

漢字(かんじ)を□にかきなさい。

① □□(にねん)の月□(ひ)。

② □□(いちにち)に□(ふた)つも

いいことがあった。

③ はこの□(なか)に□(い)れる。

④ お□(とし)玉をもらう。

ハク
ビャク㊢
しろ
しら
しろ（い）

ぶしゅ		ぶしゅめい	
ぶしゅ	白	ぶしゅめい	しろ

ことばとつかいかた

白（しら）さぎ

まっ白（しろ）な ▲白鳥（はくちょう）

白（しろ）い くもが うかぶ

ハチ
や
や（つ）
やっ（つ）
よう

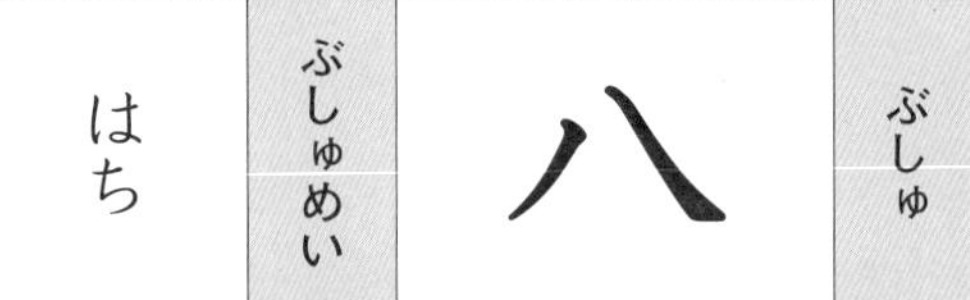

ことばとつかいかた

八（や）▲重（え）ざくら

八月八日（はちがつようか）

りんごを 八（やっ）つに きる

ブン
モン
ふみ㊥

ぶしゅ	文	ぶしゅめい	ぶん

ことばとつかいかた

▲作文（さくぶん）

天文▲台（てんもんだい）

十一月三日は　文▲化の日（じゅういちがつみっかは　ぶんかのひ）

ヒャク

ぶしゅ	白	ぶしゅめい	しろ

ことばとつかいかた

百▲科じてん（ひゃっかじてん）

百▲点を　とる（ひゃくてんを　とる）

百さいの　おばあさん（ひゃくさいの　おばあさん）

1 つぎの ―せんの 漢字(かんじ)に よみがなを つけなさい。

① 白馬(ば)に（　） のった 王子（　）さま。

② 今月(こんげつ)の（　） 八日(か)（　）は 休みだ。

③ 男（　）の 人が（　） 八人（　） いた。

④ それから（　） 百年（　）が すぎた。

⑤ 本(ほん)の かんそう文（　）を かく。

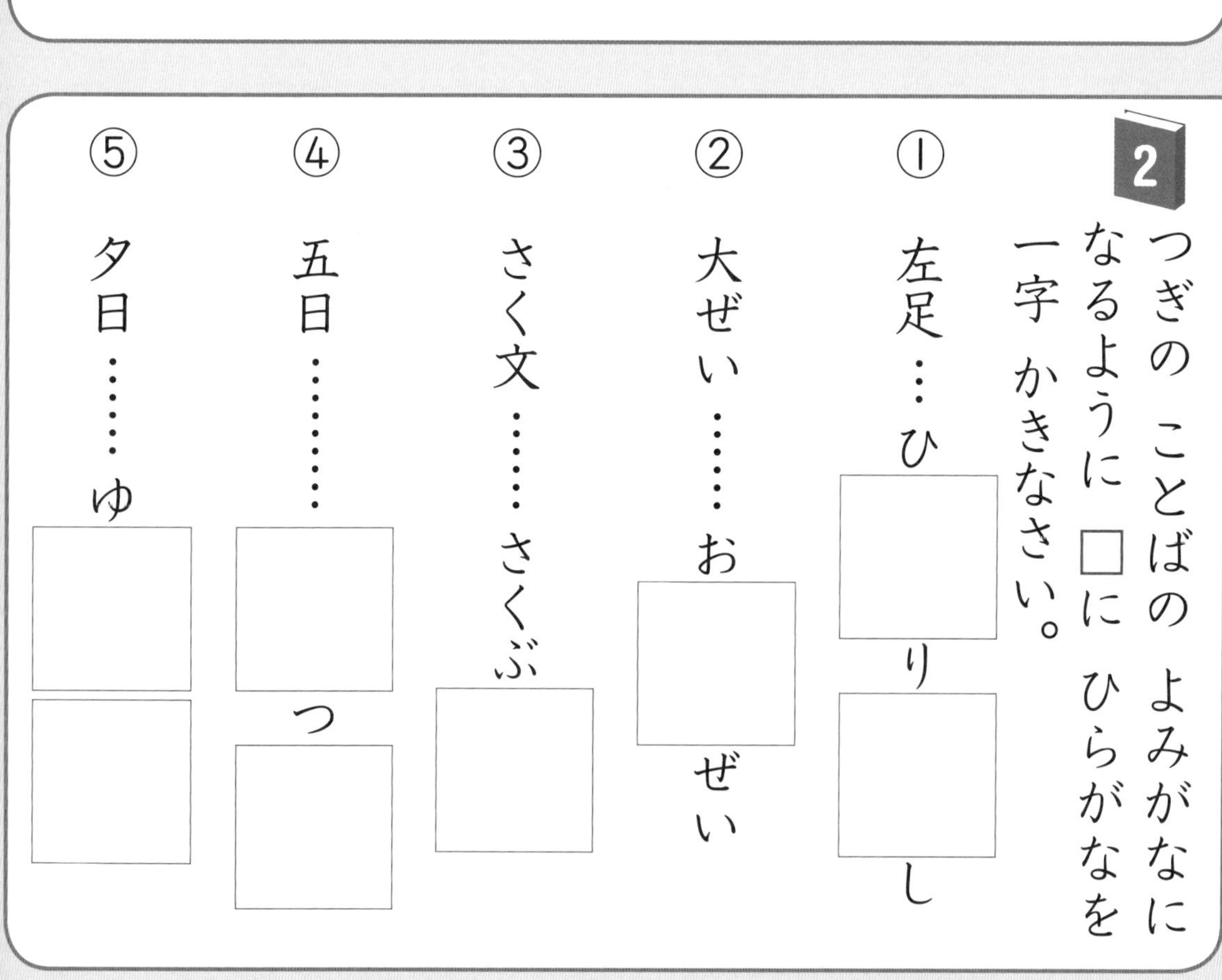

2 つぎの ことばの よみがなに なるように □に ひらがなを 一字 かきなさい。

① 左足……ひ□り□し

② 大ぜい……お□ぜい

③ さく文……さくぶ□

④ 五日……□つ□

⑤ 夕日……ゆ□□

3 漢字（かんじ）を □に かきなさい。

① □（あか）ぐみと □（しろ）ぐみ。

② かぶと□（むし）に ついての
□（ぶん）しょう。

③ □（ひゃく）だんの 石だんを
□（み）上げる。

4 漢字（かんじ）を □に かきなさい。

① □（しろ）い 石を ひろう。

② おにぎりが □（やっ）つ ある。

③ □（ぶん）ぼうぐを かうと
おつりは □（に）□（ひゃく）円だ。

④ カルガモが □（はち）わ いる。

ボク
モク
き
こ

ぶしゅ	木	ぶしゅめい	き

ことばとつかいかた

木(こ)かげ　大木(たいぼく)

木(もく)よう日(び)

うえ木(き)の　手入(てい)れを　する

ホン
もと

ことばとつかいかた

本気(ほんき)

手本(てほん)

ろうそくを　七本(ななほん)　立(た)てる

メイ
ミョウ
な

ぶしゅ	口	ぶしゅめい	くち

ことばとつかいかた

名(な)▲前(まえ)

名字(みょうじ)

▲有名(ゆうめい)に なる

モク
ボク㊥
め
ま㊝

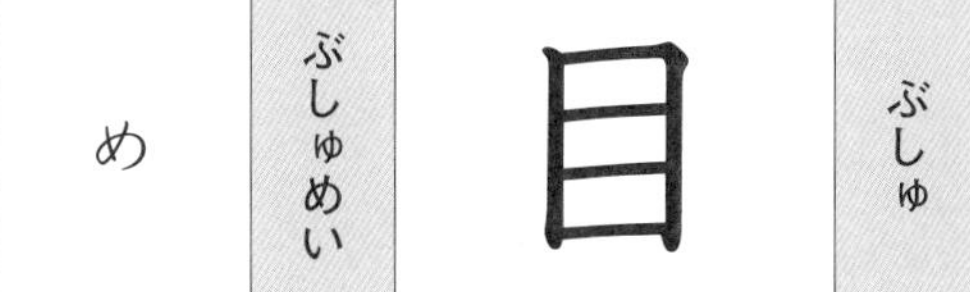

ぶしゅ	目	ぶしゅめい	め

ことばとつかいかた

目(め)ざましどけい

目(もく)▲標(ひょう)

くもの きれ目(め)

1 つぎの ―せんの 漢字(かんじ)に よみがなを つけなさい。

① にわに 木(　)を 二本(　) うえる。

② うえ木(　)の 手入れを する。

③ 名人(　)に つりを おそわる。

④ 名(　)ふだを くばる。

⑤ もの音(　)で 目(　)が さめる。

2 つぎの ―せんの 漢字(かんじ)に よみがなを つけなさい。

① 大(　)きな ケーキが 大(　)すきだ。

② 名字(　)と 名(　)まえを いう。

③ 木(　)よう日に 森(　)で 木(　)に のぼって あそんだ。

④ 入場(じょう)(　)もんから 入(　)った。

3 漢字を□にかきなさい。

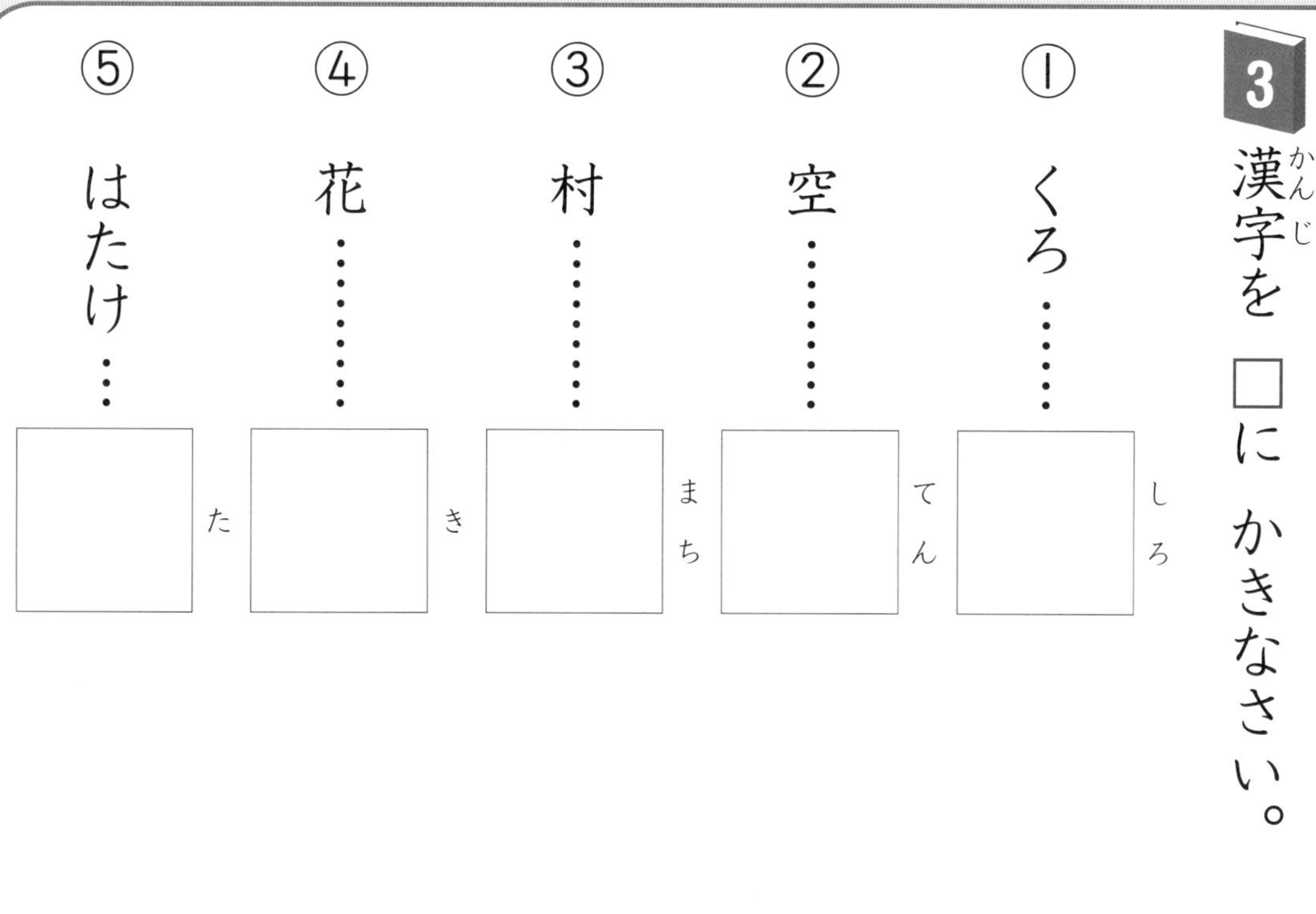

① くろ……□（しろ）

② 空……□（てん）

③ 村……□（まち）

④ 花……□（き）

⑤ はたけ…□（た）

4 漢字を□にかきなさい。

① はしらの□□（もくめ）がうつくしい。

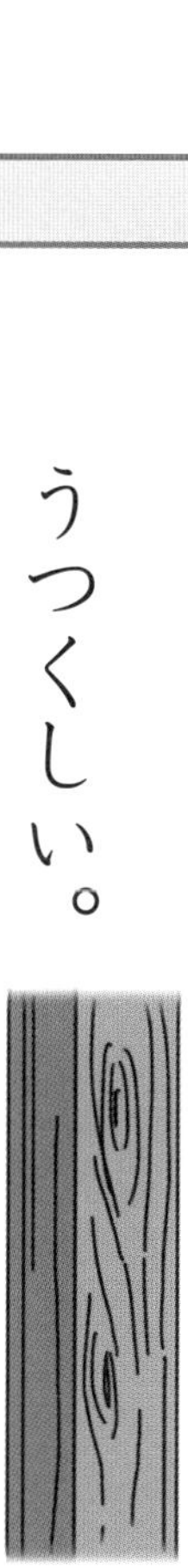

② □□□（にっぽんいち）の山の□（な）はふじ山です。

③ □（ほん）の□（もく）次を見る。

5画（かく）

リツ
リュウ㊩
た（つ）
た（てる）

ぶしゅ		ぶしゅめい	
	立		たつ

ことばとつかいかた

立（た）ち上（あ）がる

▲起立（きりつ）

▲板（いた）を 立（た）てる

リョク
リキ
ちから

ぶしゅ		ぶしゅめい	
	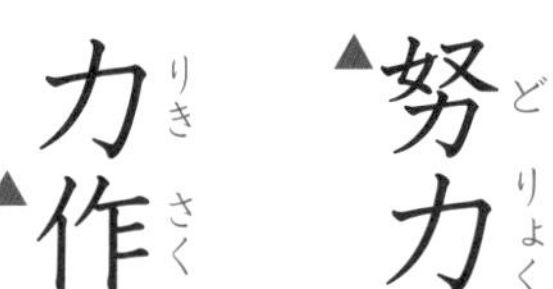		ちから

ことばとつかいかた

▲努力（どりょく）

力（りき）▲作（さく）

力（ちから）いっぱい はしる

林

リン
はやし

8画

ぶしゅ	木	ぶしゅめい	きへん

ことばとつかいかた

ぞう木林(きばやし)

▲林道(りんどう)

林(はやし)の 中(なか)を あるく

六

ロク
む
む(つ)
むっ(つ)
むい

4画

ぶしゅ	八	ぶしゅめい	は

ことばとつかいかた

六(む)つぎりの パン

くりが 六(むっ)つ

たん生日(じょうび)は 六月六日(ろくがつむいか)だ

1 つぎの ―せんの 漢字(かんじ)に よみがなを つけなさい。

① 校庭(こうてい)に 立つ（　） 一本(いっ)（　）の 木。

② じぶんの 力を（　） 出しきる。（　）

③ 林（　）に 入って（　） 草を（　） とる。

④ まえから 六ばん（　）目の（　） れつ。

⑤ 今月(こんげつ)の 六日(か)（　）が たん生日（　）だ。

2 つぎの 漢字(かんじ)の 白い ところは おわりに かきます。なんばんめに かくか、○の 中に 数字(すうじ)を かきなさい。

① 立……○ばんめ

② 白……○ばんめ

③ 名……○ばんめ

④ 力……○ばんめ

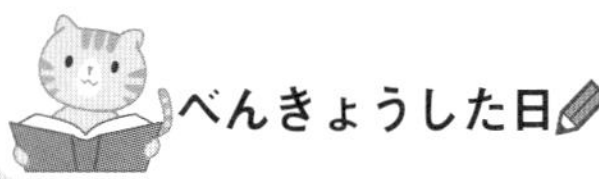
べんきょうした日　　月　　日

3

つぎの ことばの よみがなに なるように □に ひらがなを 一字 かきなさい。

① 一人…ひ□□

② 四本……□んほ□

③ 六つ……□っつ

④ 八つ……□っつ

⑤ 百だん…□やくだん

4

漢字(かんじ)を □に かきなさい。

① 町□(りつ)の としょかん。

② □□(がくりょく)テストで □(ちから)だめしを する。

③ □(ろく)年生と □□(しんりん) こうえんに いく。

力だめし 4

ステップ 16－20

1

つぎの ―せんの 漢字に よみがなを つけなさい。〈一つ2てん（20）〉

① 木の 名まえを しらべる。（　）（　）

② はたけに 土を 入れる。（　）（　）

③ 白く ながれる 天の川。（　）（　）

④ 町はずれの 林を ぬける。（　）（　）

⑤ 二人が ならんで 立ち上がる。（　）（　）

2

つぎの ことばの よみがなに なるように □に ひらがなを 一字 かきなさい。〈一つ5てん（25）〉

① 白ぐみ…し□ぐみ

② 二日……ふつ□

③ 右足……みぎ□し

④ 八こ……□ちこ

⑤ お年玉…お□しだま

100

80

50

とくてん

てん

3 ばらばらに なって いる 漢字（かんじ）を むすんで もとに もどし、□に かきなさい。〈一つ5てん（25）〉

① 艹 ・ ・ 一 ― □（ひゃく）

② 八 ・ ・ 早 ― □（くさ）

③ 白 ・ ・ 寸 ― □（むら）

④ エ ・ ・ 亠 ― □（ろく）

⑤ 木 ・ ・ ナ ― □（ひだり）

---

4 漢字（かんじ）を □に かきなさい。〈一つ5てん（30）〉

① お手□（ほん）を 見て □（ぶん）を つくる。

② □（め）ざましどけいが □（に）かい なる。

③ □（た）うえは □（ちから）しごとだ。

④どの ことばが 入るかな？

むかしばなしの いちばめんです。中に どの ことばが あてはまるか、下の ことばから えらんでね。

① うらしまたろう

② かぐやひめ

③ つるの おんがえし

あ 男の人
い 竹から
う 見ては
え 小さな
お 早く
か 白い

こたえは 左ページに あります。

なるほど ものしりコーナー

③ 漢字の「じてん」で あそぼう！

漢字と 漢字を くみあわせると、一つの ことばが できます。こくごじてんや 漢字の じてんで しらべて みましょう。

しっている ことばは あるかな？

・一本の 木

・一年生に なる

・一口で たべる

・一番で ゴール

「一」の 字を じてんで しらべると、たくさんの ことばが でて きます。

イチ【一】 (1) 一 0 教 常 10 1676 306C 音 イチ・イツ 訓 ひと・ひとつ 外 はじめ

〔弌〕 4801 5021

筆順 一

意味 ①ひとつ。数の名。ひとたび。「一列」「一度」「一個」②はじめ。もっともすぐれている。「一番」「一流」「第一」③ひとつにする。すべて。全部。ひとしい。「一括」「一様」「均一」④あるひとつの。「一説」「一夜」「一例」⑤わずか。ちょっと。「一刻」「一瞬」「一笑」⑥もっぱら。ただそれだけ。「一意」「一散」「専一」 参考 金銭の証書などでは、まちがいを防ぐために「一」のかわりに「壱」を用いる。

【一円】イチエン その付近一帯。全域。「北関東―を豪雨が襲った」

【一丸】イチガン ひとかたまり。人や物が一つにまとまること。「―となって不況を乗り切った」

【一眼】イチガン ①片方の目。一つの目。②片目。類 独眼・隻眼

【一見】イチゲン 初めて会うこと。初対面。特に旅館・料亭で初めての客をいう。「―の客はことわられる」対 馴染み 参考 「イッケン」と読めば別の意になる。

★「二」や「三」は どうかな？「じてん」で あそんでね！

ひとやすみ クイズで あそぼ！ のこたえ

★64ページ

★88ページ

★112ページ ①右 ②貝 ③赤 ④早 ⑤村 ⑥男

★136ページ ①お ②あ ③え ④い ⑤う ⑥か

1 つぎの ぶんを よんで、──せんの **かん字**の **よみがな**を ──せんの **みぎ**に かきなさい。

1つ2てん(40)
てん

1 ①花に あつまる ②虫を さがしに みんなで ③草はらに ④出かけた。

2 ⑤夕がたから ⑥空が くもって ⑦月が かくれて いる。

3 なつ⑧休みに ⑨田んぼの そばの 川で ザリガニを つり⑩上げた。

4 ⑪小さな うさぎが ぴんと ⑫耳を ⑬立てる。

5 ゆきが　つもって　山⑭も
森⑮も　まっ白⑯だ。

6 きょうは　早⑰く
目⑱が　さめたので　犬⑲と
いっしょに　林⑳まで
さんぽに　いった。

2 つぎの **かん字の ふとい** ところは **なんばんめに** かきますか。◯の なかに **すう字を** かきなさい。

1つ1てん(12)　てん

1 正
2 休
3 九
4 右
5 五
6 竹

7 足
8 左
9 百
10 四
11 土
12 年

3 つぎの　ぶんを　よんで、——せんの　**かん字**の　**よみがなを**　——せんの　**みぎ**に　かきなさい。

1つ2てん(16)

てん

1 水とうを　かたに　かける。

つめたい　2 水を　のむ。

3 金メダルを　ぶらさげる。

4 金づちで　くぎを　うつ。

5 小学生が　とおる　みち。

赤ちゃんが　6 生まれる。

きょ7 年の　おもい出。

お8 年よりと　はなす。

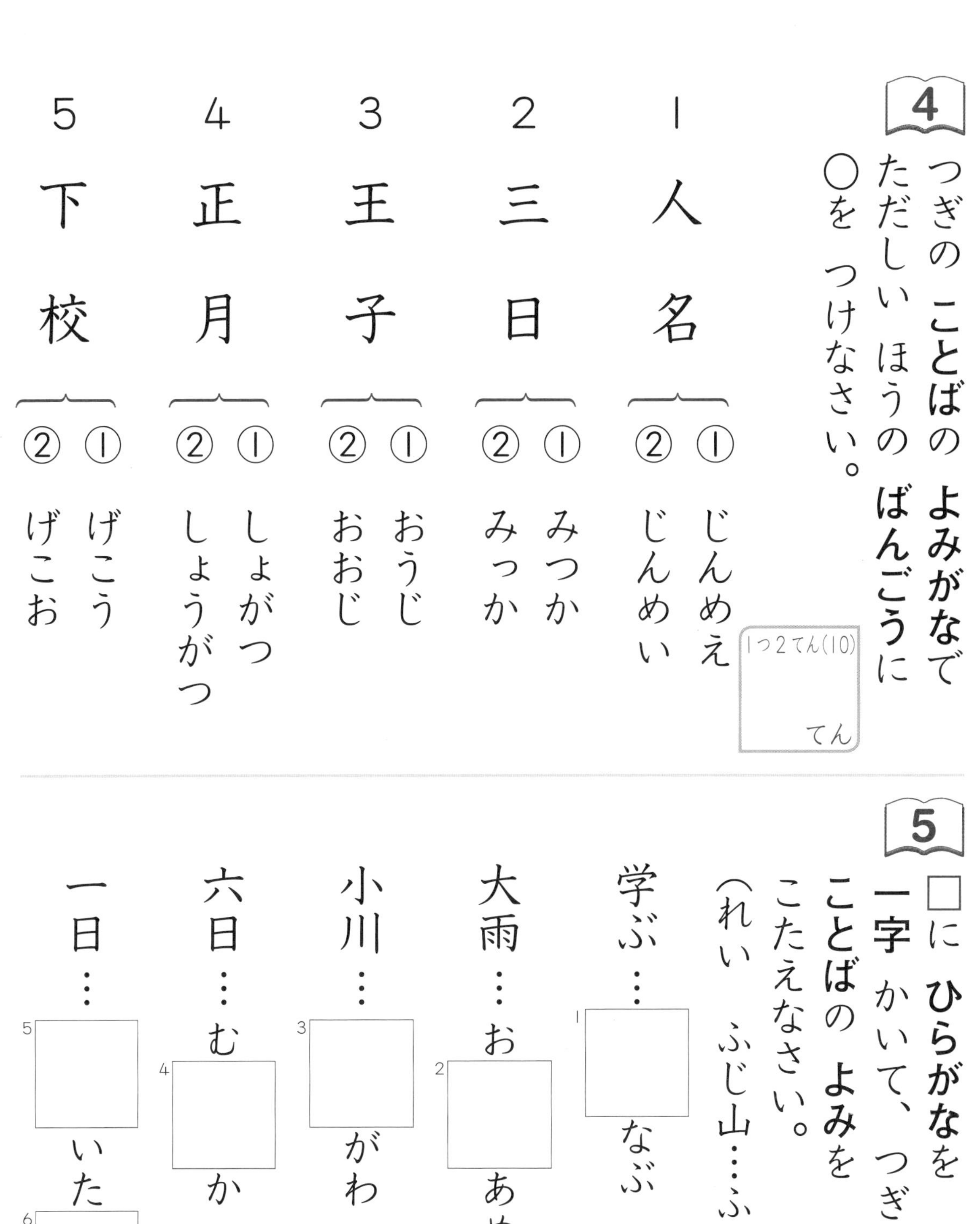

4

つぎの **ことばの よみがなで** ただしい ほうの **ばんごうに** ○を つけなさい。

1つ2てん(10)　てん

1 人名　① じんめえ　② じんめい

2 三日　① みつか　② みっか

3 王子　① おうじ　② おおじ

4 正月　① しょがつ　② しょうがつ

5 下校　① げこう　② げこお

5

□に **ひらがなを** **一字** かいて、つぎの **ことばの よみを** こたえなさい。

（れい　ふじ山…ふじ[さ]ん）

1つ2てん(12)　てん

学ぶ…[1]なぶ

大雨…お[2]あめ

小川…[3]がわ

六日…む[4]か

一日…[5]いた[6]

6

つぎの □の なかに **かん字**を かきなさい。

1つ2てん(20)　てん

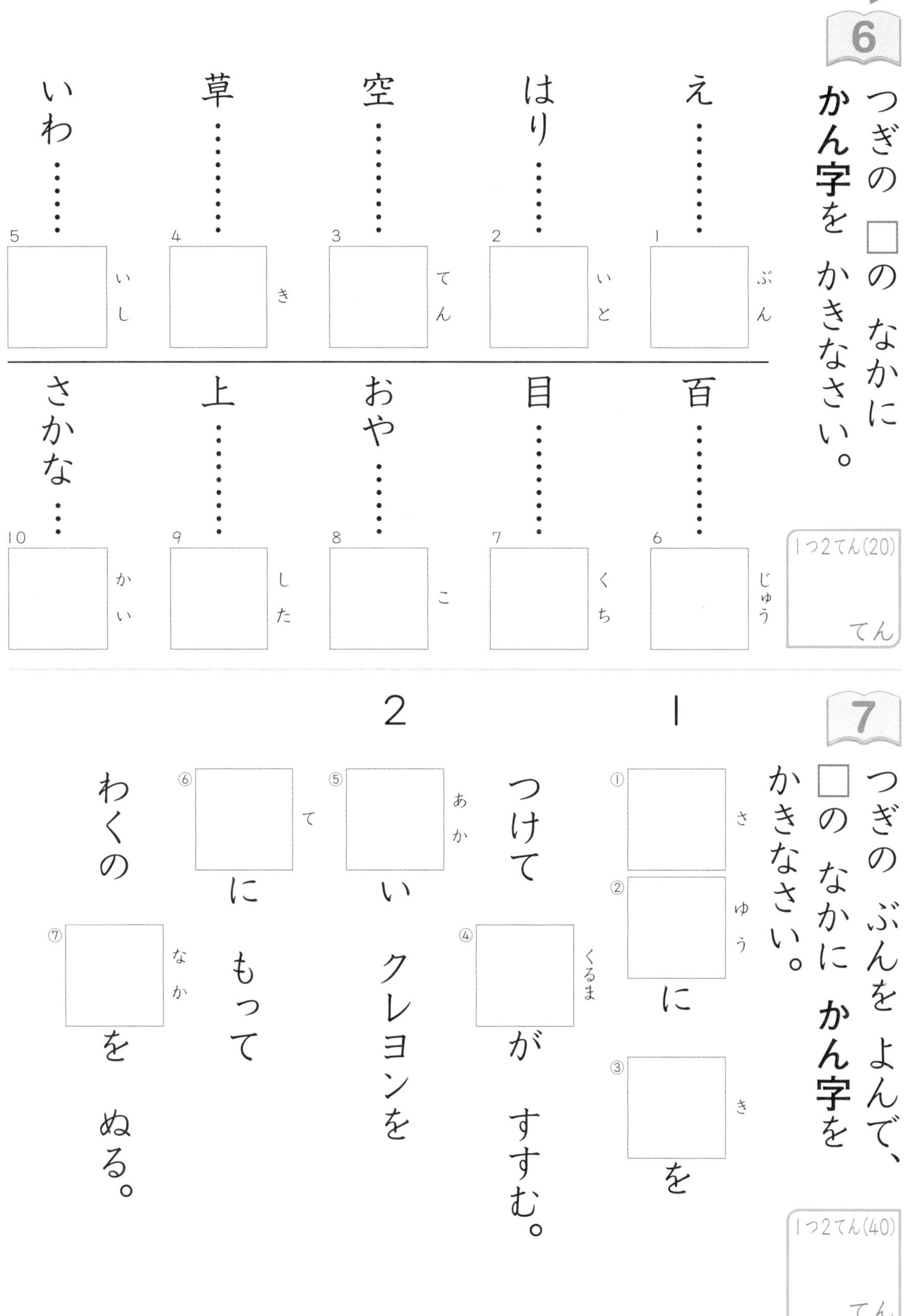

え……1 □(ぶん)

はり……2 □(いと)

空……3 □(てん)

草……4 □(き)

いわ……5 □(いし)

百……6 □(じゅう)

目……7 □(くち)

おや……8 □(こ)

上……9 □(した)

さかな……10 □(かい)

7

つぎの ぶんを よんで、□の なかに **かん字**を かきなさい。

1つ2てん(40)　てん

1 ①□(さ) ②□(ゆう)に ③□(き)を つけて ④□(くるま)が すすむ。

2 ⑤□(あか)い クレヨンを ⑥□(て)に もって わくの ⑦□(なか)を ぬる。

べんきょうした日　　月　　日

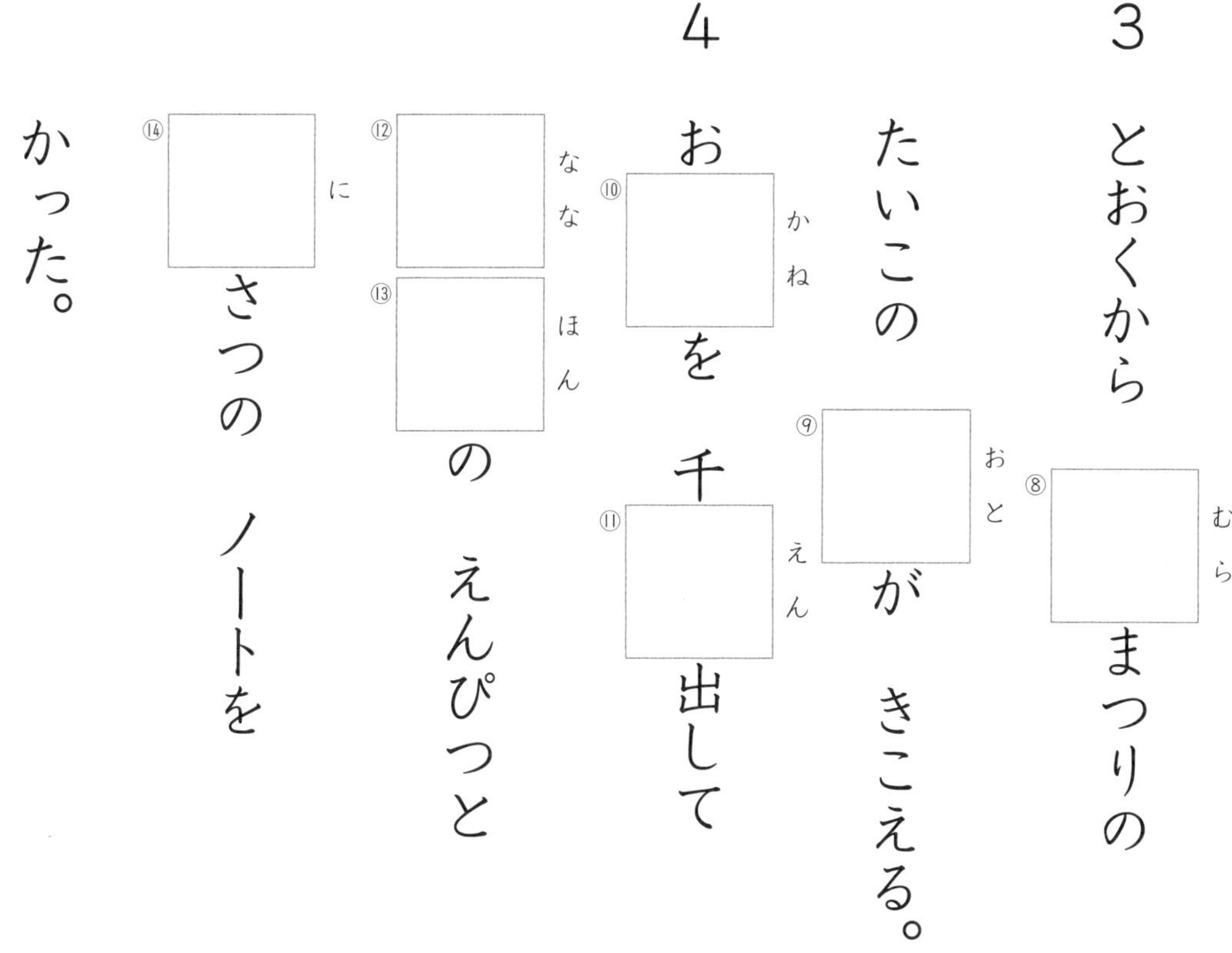

3
とおくから ⑧□(むら) まつりの
たいこの ⑨□(おと) が きこえる。

4
お ⑩□(かね) を 千 ⑪□(えん) 出して
⑫□(なな) ⑬□(ほん) の えんぴつと
⑭□(に) さつの ノートを
かった。

5
シャボン ⑮□(だま) が ⑯□(ひと) つ
かぜに のって ⑰□(あお) い
空へ とんで いく。

6
おとうとは ⑱□(かわ) で
小さな ⑲□(かい) を
たくさん ⑳□(み) つけた。

ごうけい(150)
てん

漢検 10級 漢字学習ステップ 改訂二版 ワイド版

2024年3月25日 第1版第5刷 発行
編 者 公益財団法人 日本漢字能力検定協会
発行者 山崎 信夫
印刷所 三松堂株式会社
製本所 株式会社 渋谷文泉閣

発行所 公益財団法人 日本漢字能力検定協会
〒605-0074 京都市東山区祇園町南側551番地
☎(075)757-8600
ホームページ https://www.kanken.or.jp/

Printed in Japan
ISBN978-4-89096-414-7 C0081

公益財団法人 日本漢字能力検定協会

改訂二版

漢検

ワイド版

漢検 漢字学習 ステップ

答え（こた）

別冊（べっさつ）

10級

「答え（こた）」は別冊（べっさつ）になっています。とりはずしてつかってください。

名まえ

※「答え（こた）」をとじているはり金でけがをしないよう、気をつけてください。

漢検 公益財団法人 日本漢字能力検定協会

700414 (1-5)

P.13

ステップ1（ひらがな）

はし
はな
あめ
くも

●おなじ よみかたでも まったく ちがった いみに なる ことばです。ほかにも みつけて みましょう。

ひつじ
さくら
つくし
めだか

P.17

ステップ2（ひらがな）

さいふ　ヨット
ぼうし　ビーチパラソル
かばん

P.21

ステップ3（ひらがな）

あいうえ・おんぷ
かきくけ・こおり
さしすせ・そうじ
たちつて・とかげ
なにぬね・のはら
はひふへ・ほたる
まみむめ・もぐら

や(い)ゆ(え)・よつば
らりるれ・ろうか
がぎぐげ・ごはん
ざじずぜ・ぞうり
だぢづで・どせい
ばびぶべ・ぼたん
ぱぴぷぺ・ぽっと

P.25

ステップ4（ひらがな）

さか と かさ
みせ と せみ
みるく と くるみ

かき
きつね
さる
きのこ

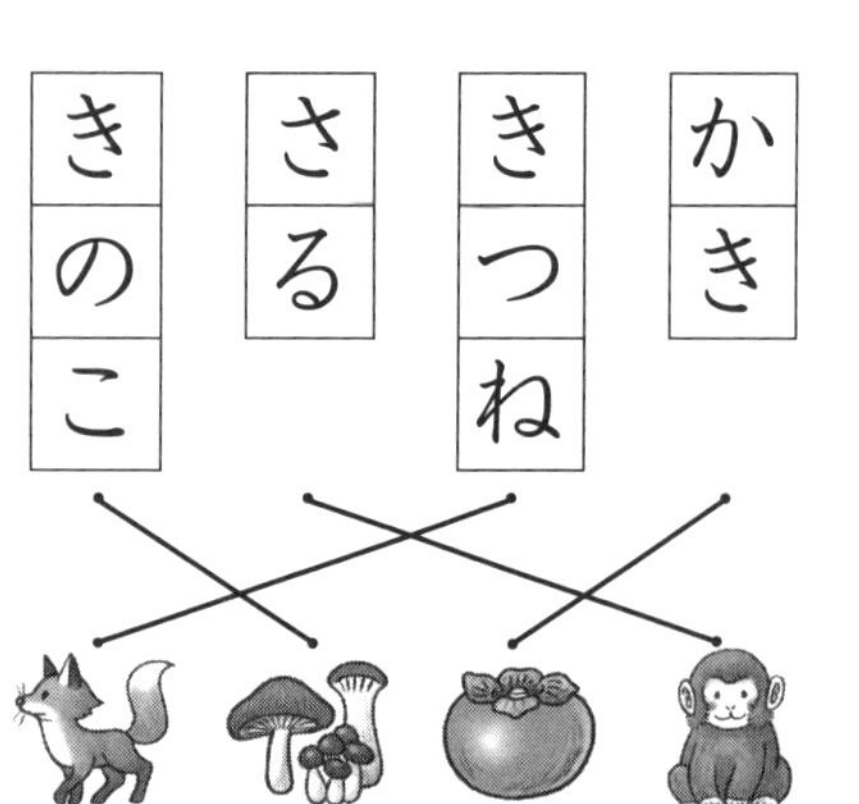

P.29

ステップ5（ひらがな）

くるまが　1だい　7つ　のみかん
2けん　のいえ　（「7このみかん」
カードが　3まい　でもよいです）
4ほん　のろうそく　ほしが　8こ
プレゼントは　5こ　9わ　のことり
いぬが　6ぴき　こどもが　10にん

P.32・33

ステップ6（カタカナ）

サッカー　シュート
ホイッスル　ラケット
バスケットボール　バット
みみ　バレーボール
トマト　ホームラン
きつつき
しんぶんし

P.36・37

ステップ7（カタカナ）

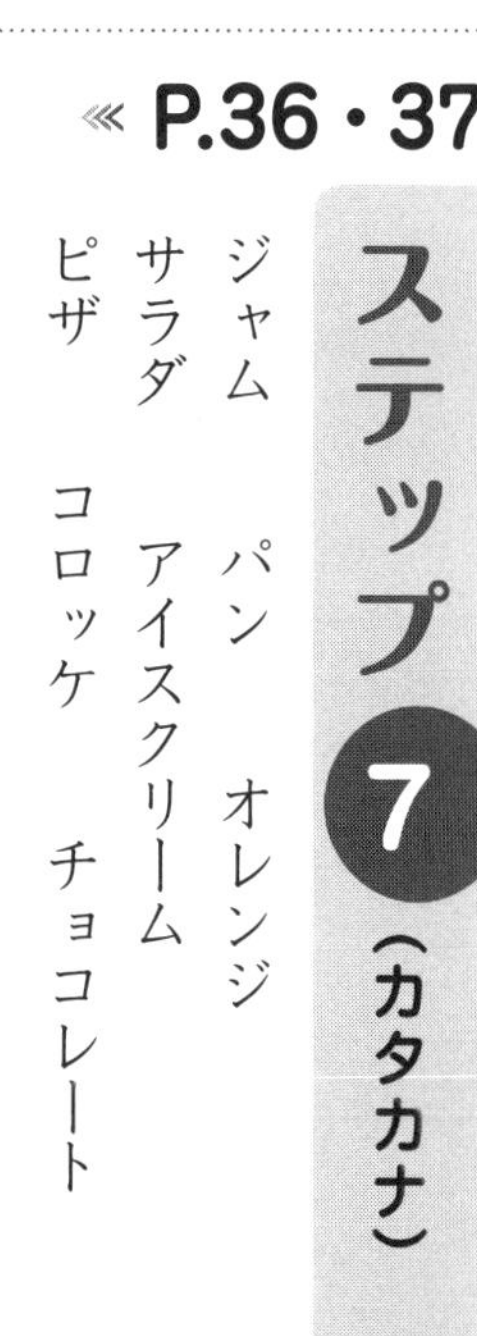

ジャム　パン　オレンジ
サラダ　アイスクリーム
ピザ　コロッケ　チョコレート

●たべものや のみものの なまえだけで つくった クロスワード・パズルです。

ステップ 1

P.44・P.45

1
①ひと ②みぎ ③あめ ④あま ⑤まる

2
①右・カメラ ②カモメ・一 ③ペン・円

3
①
- 一つのみかん — ひと
- 一まいのえ — いち

②
- 一休(やす)みする — ひと
- 一わのとり — いち
- 一さつの本(ほん) — いっ

4
①一 ②一・右 ③雨 ④円

ステップ 2

P.48・P.49

1
①おう ②あめ・おと ③おん ④か ⑤ひ

2
①4ばんめ ②3ばんめ ③1ばんめ ④2ばんめ

3
①1くだ ②2お ③1さ ④2しも

4
①王 ②下・音 ③音・火

ならった漢字(かんじ)と ポイント

一 右 雨 円 王 音 下 火

●「いち」だけでは なく、「いっ」や「ひと」など、かぞえる ものに よって、いろいろな よみかたが あります。

●「一」(よこの ぼう)からでは なく、「ノ」からかきはじめます。かく じゅんばんに ちゅういしましょう。

●「あめ」の ほかに、「う」や「あま」と よむ ことも あります。「雨天(うてん)」とは、雨(あめ)の ふって いる 天気(てんき)の ことです。

●お金(かね)を かぞえる ときにも つかう 漢字(かんじ)です。

●かく じゅんばんに ちゅういしましょう(2ばんめは たての ぼう)。「百(ひゃく)じゅうの 王(おう)」とは、「すべての けものの 王(おう)さま」と いう いみです。

●「おと」の ほかに、「音色(ねいろ)」のように「ね」などと よむ ことも あります。

●「した」だけでは なく、「しも」や「さ(げる)」、「くだ(る)」、「お(ろす)」など、いろいろな よみかたの ある 漢字(かんじ)です。

●「ひ」の ほかに、「火事(かじ)」や「火山(かざん)」など、「か」と よむ ことが よく あります。

ステップ3 ≪ P.52・P.53

1
①か・はな
②かい
③がっ
④まな
⑤おと・き

2
①2いっ
②1ゆう
③2おう
④2がっ

3
①お・か
②か・はな
③えん・まる

4
①花火
②貝
③学・学
④気

ステップ4 ≪ P.56・P.57

1
①かい・きゅう
②ここの・きゅう
③だま
④きん
⑤かね

2
艹 木 ⺍
亻 化 子
花・休・学

3
①九・チャイム
②キング・王
③ビ・玉

4
①九
②金・休
③一・玉・九

ならった 漢字(かんじ)と ポイント

花 貝 学 気 九 休 玉 金

●さいしょに かく「艹」は、「くさかんむり」と いって、しょくぶつに かんけいの ある 漢字(かんじ)に よく 見(み)られます。

●「かい」と よみますが、「ほたて貝(がい)」や「しんじゅ貝(がい)」など、まえに ことばが つくと、「がい」と よむ ことが よく あります。

●「学校(がっこう)」や「学習(がくしゅう)」など、よく 目(め)に する 漢字(かんじ)です。「まな（ぶ）」と いう よみかたも、おぼえて おきましょう。

●「き」の ほかに、「気配(けはい)」や「しっ気(け)」など、「け」と よむ ことも あります。

●「九(ここの)つ」や「九日(ここのか)」など、「ここの（つ）」、「ここの」と よむ ことも あります。かく じゅんばんは「ノ」からです。

●さいしょに かく「亻」は、「にんべん」と いって、「人」（ステップ11）と いう 字(じ)が へんかした ものです。「木(き)の そばで 人(ひと)が 休(やす)む」と おぼえましょう。

●「王」と かいてから、さいごに てんを うちます。かく じゅんばんに ちゅういしましょう。

●「かね」の ほかに、「金具(かなぐ)」や「金(かな)づち」など、「かな」と よむ ことも あります。

《 P.60・P.61

ステップ5

1
①あめ・そら
②げつ・やす
③つき・み
④いぬ
⑤がつ・そら

2
①そら・くう
②きん・かね
③くがつ・ここの

3
①8ばんめ
②8ばんめ
③5ばんめ
④7ばんめ

4
①空
②月・犬
③犬・見

ならった漢字と ポイント

空 月 犬 見

●「そら」だけでは なく、「空きかん」の「あ（く）」、「空っぽ」の「から」などの よみかたも あります。

●「つき」の ほかに、「げつ」や「がつ」と よむ ことが よく あります。

●てんが ないと、ステップ14で ならう「大」の 字に なります。わすれずに てんを うちましょう。

●「見」も「犬」も「けん」と よみます。まちがえないように ちゅういして かきましょう。

《 P.62・P.63

力だめし1

1
①いち・みぎ
②はなび・まな
③か・きゅう
④おん・か
⑤あ・だま
⑥かい・ひと
⑦おう・した
⑧まる・つき
⑨き・いぬ・きゅう・み

2
①7ばんめ
②7ばんめ
③4ばんめ
④4ばんめ
⑤3ばんめ

3
①休
②空・雨
③九・金
④右・音

【力だめし［1］の ポイント】

1 よみの もんだいです。「玉」は ふつうは「たま」と よみますが、「ビー玉」や「毛糸玉」など、まえに ことばが つくと、「だま」と よむ ことが あります。

2 一つの 漢字を なんかいで かくかを おぼえる もんだいです。

3 かきとりの もんだいです。「九」や「右」を かく じゅんばんに とくに ちゅういしましょう。

ステップ 6

P.68・P.69

1
① ご・き
② こう・み
③ くち
④ いつ・がっこう
⑤ ひだり

2
① 下
② 口
③ 犬
④ 月
⑤ 見

3
① 2ご
② 1から
③ 2び
④ 2う

4
① 五・玉
② 校・口・左
③ 左・見

ステップ 7

P.72・P.73

1
① み・そら
② さん
③ やす・やま
④ し・ご
⑤ よ・おん

2
① さん・やま
② じ・こ
③ し・よ
④ いぬ・けん

3
① 2ばんめ
② 4ばんめ
③ 6ばんめ
④ 3ばんめ

4
① 三
② 山・山
③ 四・子・四

ならった漢字と ポイント

五

口
校
左

三
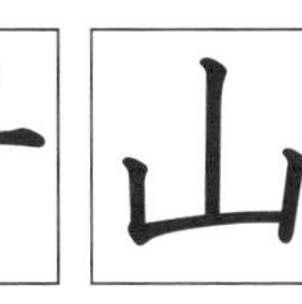
山
子
四

●「五つ」や「五日」など、「いつ（つ）」、「いつ」とよむ ことが あります。

●「くち」と よみますが、「出口」や「まど口」など、まえに ことばが つくと、「ぐち」と よむ ことが あります。

●「校長先生」や「校しゃ」など、学校に かんする ことがらを いう ときに よく つかいます。

●「右」は「ノ」から かきはじめますが、「左」は「一」（よこの ぼう）から かきはじめます。ちゅういしましょう。

●「さん」の ほかに、「み」や「み（つ）」、「みっ（つ）」と いう よみかたも あります。

●つらなった「やま」の かたちから できた 漢字です。一番 たかい「やま」から かきはじめます。

●手を ひろげた「こども」の すがたから できた 漢字です。

●「し」や「よ」、「よ（つ）」、「よっ（つ）」、「よん」など、いろいろな よみかたを します。

ステップ8

P.76・P.77

1
①いと・たま
②じ
③かい・みみ
④なな・こ
⑤しちごさん

2
气 — 交 — 穴 — 子
木 — メ — 宀 — エ
（气・メ、交・木、穴・エ、子・宀 を線でむすぶ）
気・校・空・字

3
円・五・月

4
①糸
②字
③雨・耳
④七

ステップ9

P.80・P.81

1
①くるま
②しゃ・き
③て・やす
④とお・しゅっ
⑤だ

2
①山
②雨
③手
④耳
⑤右

3
①車・出
②手・手
③十

4
①車
②十円・手
③出口・左

ならった漢字(かんじ)と ポイント

糸	字	耳	七	車	手	十	出

●「いと」の ほかに、「し」と よむ ことも あります。

●はじめに「宀」を かき、その 下(した)に「子」を かきます。「漢字(かんじ)」や「数字(すうじ)」などと つかいます。

●かきかたに ちゅういしましょう。さいごに かく「｜」（たての ぼう）は、そのまま とめます。

●「しち」の ほかに、「なな」や「なな（つ）」、「なの」と いう よみかたも あります。

●「｜」（たての ぼう）は さいごに かきます。かく じゅんばんに ちゅういしましょう。

●「て」と よみますが、「人手(ひとで)」など、まえに ことばが つくと、「で」と よむ ことが あります。

●「じゅう」だけでは なく、かぞえる ものに よって、「十(じっ)こ」の「じっ（じゅっ）」や「十日(とおか)」の「とお」などの よみかたに なります。

●かく じゅんばんは「｜」（たての ぼう）からです。ちゅういしましょう。

P.84・P.85

ステップ10

1
①おんな・で
②ちい・いぬ
③うえ・つき
④か・あ
⑤しん

2
①し
②み
③が
④は
⑤ち・つ

3
①1じょう
②1きゅう
③1しち
④2しょう

4
①女王・手
②森・小
③上・上

ならった漢字と ポイント

森 上 小 女

●「一」（よこの ぼう）は さいごに かきます。かくじゅんばんに ちゅういしましょう。
●「こ」の ほかに、「小川」のように「お」などと よむ ことも あります。
●「うえ」だけでは なく、「うわ」や「かみ」、「あ（がる）」、「のぼ（る）」など、いろいろな よみかたの ある 漢字です。
●上の「木」、下の 左の「木」、右の「木」の じゅんばんで かきます。

P.86・P.87

力だめし2

1
①ひだり・しゃ
②いと・みみ
③み・だ
④こ・くち
⑤て・じゅうえん

2
①さ
②ご
③さ
④よ
⑤お

3
①6ばんめ
②9ばんめ
③2ばんめ
④1ばんめ
⑤4ばんめ

4
①校・小
②森・山
③女・上

【力だめし［2］の ポイント】

1
「三日月」は「みかづき」と よみます。

2
「大雨」は「おうあめ」では なく、「おおあめ」と よみます。

3
かく じゅんばんを おぼえる もんだいです。

4
「女」は「一」を さいごに かきます。

≪ P.92・P.93

ステップ 11

1
①くるま・ごにん
②やま・みず
③ただ・ひと
④いっしょう・で
⑤は

2
①す・し
②し
③ん
④つ
⑤き

3
①手・人
②森・生
③学

4
①人
②水・雨
③正
④正・生

≪ P.96・P.97

ステップ 12

1
①せい・よにん
②ゆう・で
③いし・うえ
④あか・そら
⑤せきじゅうじ

2
生　①
小　②
上　②

3
山・中　木・林　一・止
出・森・正

4
①青・見
②夕・水
③石
④赤・花

ならった 漢字と ポイント

人　水　正　生　青　夕　石　赤

●人の かずを いう ときは、「三人」、「四人」のように、「にん」と よみます。「一人」は「ひとり」と いう とくべつな よみかたも します。

●四回で かく 漢字です。おぼえて おきましょう。

●五回で かく 漢字です。ものを 五こずつ かぞえながら かきとめる ときに、よく この「正」の 字を つかいます。

●「せい」や「しょう」、「い（きる）」、「う（む）」、「は（える）」、「なま」など、いろいろな よみかたが あり、よく つかう 漢字です。

●いろの「あお」や「みどり」を しめす ときと、「青年」などのように「わかい こと」を あらわす ときが あります。

●「七夕」と かいて「たなばた」と いう とくべつな よみかたも します。

●「いし」の ほかに、「石炭」などの「せき」、「じ石」などの「しゃく」と いう よみかたも あります。

●いろを あらわす 漢字は たくさん ありますが、中でも「赤」は よく つかわれます。「赤十字」のように「せき」と よむ ことも あります。

ステップ13

P.100・P.101

1
①せんにん・ひと
②かわ・みず
③せん・あか
④きゅう・はや
⑤そう

2
①青
②川
③夕
④金
⑤千

3
①せい・ただ
②あお・せい
③せん・さき
④ち・せん

4
①千・花
②川・石
③先
④早・先・学

ステップ14

P.104・P.105

1
①そう
②た
③むら・あし
④おお・みみ
⑤ひと・たい

2
①4ばんめ
②3ばんめ
③9ばんめ
④7ばんめ

3
①草・休
②足
③村
④大・赤

4
①草
②下・足
③村・早
④青・石・大

ならった漢字と ポイント

千
●「せん」と よみますが、「三千円」などと いう ときは 「ぜん」と よみます。

川
●三本の せんで 水の ながれを あらわした 漢字です。「かわ」と よみますが、「小川」など、まえに ことばが つくと、「がわ」と よむ ことが あります。

先
●「先」も 「千」も 「川」も 「せん」と よみます（「川」の 「せん」と いう よみは、中学校で ならいます）。ちゅういしましょう。

早
●「あさが はやい」などと いう ときに つかいます。「はやい 車」など、スピードの ことを いう ときは、「速い」と いう べつの 字を つかいます。

草
●さいしょに かく 「艹」を 「くさかんむり」と いいます。「花」と おなじ なかまの 漢字です。

足
●「あし」だけでは なく、「そく」や 「足しざん」の 「た（す）」などの よみかたも あります。

村
●さいしょに かく 「木」を 「きへん」と いいます。「学校」の 「校」や、ステップ20で ならう 「林」と おなじ なかまの 漢字です。

大
●「おお（きい）」の ほかに、「大事」などの 「だい」、「大切」などの 「たい」と いう よみかたも あります。

ステップ15

P.108・P.109

1
①あし・おとこ
②だんし・みず
③たけ・おんな
④おん・なか
⑤か・むし

2
①草
②中
③竹
④石
⑤車

3
①2ちゅう
②1おお
③1せい
④2しゃ

4
①男
②先・竹
③中
④虫・中・虫

ならった漢字と ポイント

男　竹　中　虫

●「田」（ステップ16）と「力」（ステップ20）を くみあわせて つくられた 漢字です。「田」で「力」を 出して はたらく「おとこ」を あらわします。

●「たけ」の ほかに、「竹林」のように「ちく」と よむ ことも あります。

●「｜」（たての ぼう）は、さいごに かきます。かくじゅんばんに ちゅういしましょう。

●「中」と いう 字に よく にて います。「ちゅう」と いう よみかたも おなじなので、まちがえないように ちゅういしましょう。

力だめし3

P.110・P.111

1
①おお・いし
②せんせい・はや
③むら・あお
④あか・う
⑤たけ・むし

2
①男―女
②大―小
③火―水
④山―川
⑤手―足

3
①つ
②か
③く
④に
⑤だ

4
①草・夕
②千・中
③正・人

【力だめし［3］の ポイント】

1 きほんてきな よみの もんだいです。しっかり おぼえましょう。

2 かんけいの ある ことばは、あわせて おぼえると おぼえやすく なります。

4 まちがえた 漢字は、かくじつに かける ように れんしゅうして おきましょう。

ステップ16　P.116・P.117

1
①まち・ちく
②ちょう・ちゅうがっこう
③あま・うえ
④でん
⑤ど・みず

2
①7ばんめ
②4ばんめ
③4ばんめ
④2ばんめ

3
①ど・つち
②むら・そん
③むし・ちゅう

4
①町・水
②天気
③田・土手

ステップ17　P.120・P.121

1
①ちゅう・に
②か・にち
③むし・はい
④にゅうがく・いちねんせい
⑤とし・ふた

2
①2か
②1なん
③2い

3
虫・竹・年

4
①二年・日
②一日・二
③中・入
④年

ならった 漢字と ポイント

町　天　田　土　二　日　入　年

●ばしょの 名まえや えきの 名まえなどに よく 出て くる 漢字です。

●はじめに 「一」（よこの ぼう）を かき、その 下に 「大」を かきます。「大」と おなじ なかまの 漢字です。

●「油田」とは、石油の 出る ばしょの ことを いいます。

●「土手」とは、つつみ（ていぼう）の ことを いいます。

●「に」や 「ふた（つ）」などの ほかに、「二人」や 「二日」のような とくべつな よみかたも あります。

●「○月 ○日」など、ふだん よく つかう 漢字です。「にち」の ほかに、「じつ」や 「ひ」、「か」と いう よみかたも おぼえましょう。

●「人」と いう 字に よく にて います。まちがえないように しましょう。かく じゅんばんにも ちゅういしましょう。

●「○年 ○くみ」など、ふだん よく つかう 漢字です。「とし」とも よみますが、「おない年」などと いう ときは 「どし」と よみます。

≪ P.124・P.125

ステップ 18

1
① はく・おうじ
② よう
③ おとこ・はちにん
④ ひゃくねん
⑤ ぶん

2
① だ・あ
② お
③ ん
④ い・か
⑤ う・ひ

3
① 赤・白
② 虫・文
③ 百・見

4
① 白
② 八
③ 文・二百
④ 八

≪ P.128・P.129

ステップ 19

1
① き・にほん
② き
③ めいじん
④ な
⑤ おと・め

2
① おお・だい
② みょうじ・な
③ もく・き
④ にゅう・はい

3
① 白
② 天
③ 町
④ 木
⑤ 田

4
① 木目
② 日本一・名
③ 本・目

ならった漢字と ポイント

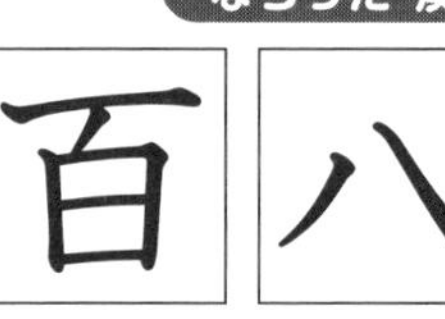

白　八　百　文　木　本　名　目

● 「しろ」の ほかに、「白さぎ」や「白かば」のように「しら」などと よむ ことも あります。

● 「はち」や「や」、「や（つ）」、「やっ（つ）」、「よう」など、いろいろな よみかたを します。

● はじめに「一」（よこの ぼう）を かき、その 下に「白」を かきます。「白」と おなじ なかまの 漢字です。

● かく じゅんばんに ちゅういしましょう。「ぶん」の ほかに、「もん」などと よむ ことも あります。

● 生えて いる「き」の かたちから この 漢字が 生まれました。「き」の ほかに、「木かげ」のように「こ」などと よむ ことも あります。

● ながい ものなどを かぞえる ときにも つかいます。「一本」、「二本」、「三本」など、かずに よって いろいろな よみかたに なります。

● はじめに「夕」を かき、その 下に「口」を かきます。「口」や「右」と おなじ なかまの 漢字です。

● かたほうの「め」の かたちから この 漢字が 生まれました。「め」の ほかに、「もく」などと よむ ことも あります。

ステップ20 《 P.132・P.133

1
①た・ぽん
②ちから・だ
③はやし・くさ
④ろく・め
⑤むい・じょう

2
①5ばんめ
②5ばんめ
③6ばんめ
④2ばんめ

3
①と・り
②よ・ん
③む
④や
⑤ひ

4
①立
②学力・力
③六・森林

ならった漢字（かんじ）と ポイント

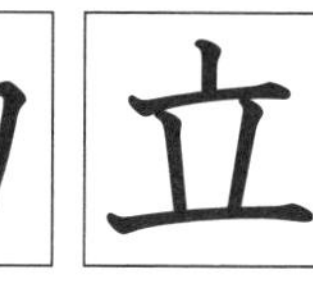

立　力　林　六

●「町立（ちょうりつ）の としょかん」とは、「町（まち）が たてた としょかん」の ことです。

●「ちから」の ほかに、「りょく」や 「りき」と いう よみかたも あります。

●「木」と 「木」を ならべて つくられた 漢字（かんじ）です。木（き）が ならんで 立（た）って いる 「はやし」を あらわします。

●「ろく」や 「む」、「む（つ）」、「むっ（つ）」、「むい」など、いろいろな よみかたを します。

力（ちから）だめし4 《 P.134・P.135

1
①き・な
②つち・い
③しろ・あま
④まち・はやし
⑤ふたり・た

2
①ろ
②か
③あ
④は
⑤と

3

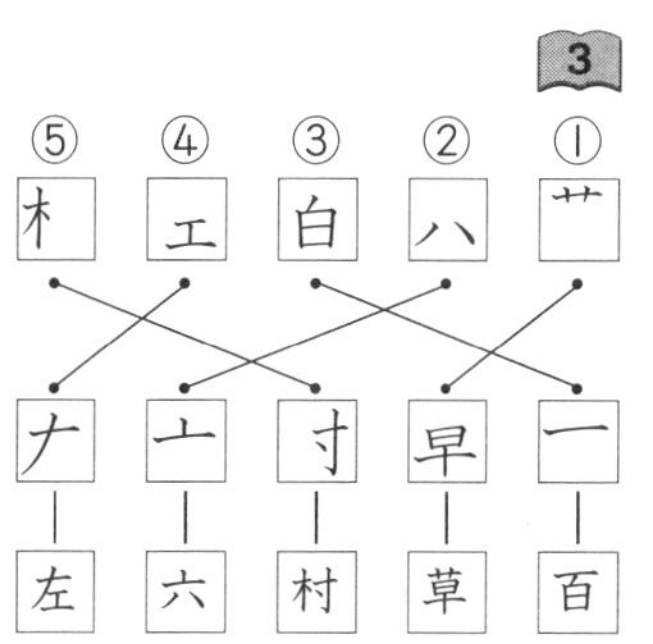

①艹—早—草
②八—亠—六
③白—一—百
④エ—ナ—左
⑤木—寸—村

4
①本・文
②目・二
③田・力

【力だめし［4］の ポイント】

1 「二人（ふたり）」と いう とくべつな よみかたも おぼえましょう。

2 「二日」は 「ふつか」と よみます。とくべつな よみかたを おぼえましょう。

3 それぞれの かたちを しっかり みて、こたえを かきましょう。

4 「力」には 「ちから」の ほかにも いろいろな よみかたが あるので、ちゅういしましょう。

まとめテスト

≪ P.138～P.143

1

1 ①はな ②むし ③くさ ④で
2 ⑤ゆう ⑥そら ⑦つき
3 ⑧やす ⑨た ⑩あ
4 ⑪ちい ⑫みみ ⑬た
5 ⑭やま ⑮もり ⑯しろ
6 ⑰はや ⑱め ⑲いぬ ⑳はやし

2

1 3
2 4
3 1
4 1
5 3
6 5
7 7
8 5
9 6
10 5
11 3
12 6

3

1 すい
2 みず
3 きん
4 かな
5 しょうがくせい
6 う
7 ねん
8 とし

4

1 ②じんめい
2 ②みっか
3 ①おうじ
4 ②しょうがつ
5 ①げこう

5

1 ま
2 お
3 お
4 い
5 つ
6 ち

6

1 文
2 糸
3 天
4 木
5 石
6 十
7 口
8 子
9 下
10 貝

7

1 ①左 ②右 ③気 ④車
2 ⑤赤 ⑥手 ⑦中
3 ⑧村 ⑨音
4 ⑩金 ⑪円 ⑫七 ⑬本 ⑭二
5 ⑮玉 ⑯一 ⑰青
6 ⑱川 ⑲貝 ⑳見